당신 인생에

용기 따윈
필요 없다

당신 인생에 용기 따윈 필요 없다

삶의 방향을 놓친
당신에게 전하는
11가지 처방

멘탈리스트 다이고 지음 | 최지현 옮김

동양북스

차례

4장 관계 | 곁에 두고 싶은 사람이 된다는 것

5장 성장 | 더 넓은 세상을 만날 그날을 위해

이 책은 멋진 인생을 꿈꾸지만 좀처럼 변하지 못하던 자신감 제로의
주인공 쇼타가 의문의 멘토를 만나 성장하는 이야기입니다.
냉소적인 멘토에게 짜증이 나면서도 왠지 모르게
그의 말을 따르게 되는 쇼타.
우연히 만난 그들은 어떤 시간을 함께 보냈을까요?

등장인물

주인공 | 스즈키 쇼타(30세, 남성)

장점 : 다정하며, 의외로 솔직하다. 그리고 사람을 잘 믿는다.

단점 : 변명을 많이 하고, 자신감이 없으며, 의지가 약하다. 잘 버리지 못한다. 사람 보는 눈이 없다.

특징 : 현재 여자친구는 없으며, 진지한 연애도 해본 적 없다. 점점 주변에 결혼한 사람과 출세한 사람이 많아져서 위축되는 중이다.

무기력한 하루하루를 보내며, 의욕이 자연스럽게 생기길 기다리고 있다. 남 탓을 자주 하지만, 미움받기 싫어서 하고 싶은 말을 참을 때가 많다. 되도록 책임져야 하는 일을 피하려 한다.

패스트푸드, 라면, 소고기덮밥을 매우 사랑한다.

의문의 멘토 | D(35세 전후?, 남성)

말이 빠르고(다소 의도적인 것 같다), 영어를 자주 쓰며, 냉소적이다. 이유는 모르지만 늘 공원에 맨발로 있다.

쇼타가 붙인 별명은 '자유로운 영혼'이다.

평일 오후, 회사를 나와 공원에서 시간을 보내던
쇼타 앞에 나타난 의문의 남자.
이상한 사람 같아 피하려 했지만
우연히 나눈 대화는
생각지도 못한 방향으로 흘러가는데…….

변하지 못했던 일상에서
벗어나는 그 시작에 관하여

1장

시작

나태한 일상에서
벗어나기

다들 이렇게
살지 않나요?

"스즈키 씨, 뭘 그렇게 열심히 봐요? 뭐 조사해요? 혹시 이직 자리 알아보는 거 아닌지 몰라."

맞은편의 사쿠라이 미치코가 건넨 말에 가슴이 뜨끔했다. 점심시간은 이미 40분 전에 끝났다. 마땅한 일자리가 없어서 채용 공고만 보다 소중한 점심시간을 모두 쓰고 말았다. 그러나 일하고 싶은 회사도, 나를 뽑아줄 만한 곳도 찾을 수 없었다.

"근무 시간에 컴퓨터를 사적으로 쓰면 곤란해요. 알죠?"

사쿠라이 미치코가 다그치듯이 말했다.

이직할 회사를 찾기 시작한 지 몇 달째. 그동안 얻은 건 딱 두 가지뿐이다. 현재 나의 연봉이 같은 일을 하는 또래에 비해 낮은 편이라는 것. 하지만 지금 내 능력으로는 높은 연봉을 주는 회사로 이직할 수 없다는 것.

후……. 한숨을 삼키고 짐을 챙겼다.

"영업하러 갈 회사 위치를 확인했어요. 그럼, 외근 다녀오겠습니다."

화이트보드에 NR(No Return)이라고 적고 사무실을 나섰다. 오늘도 외근을 나갔다가 바로 퇴근할 예정이다.

단골 거래처가 많지 않은 영업사원에게 요즘 세상은 참 호락호락하지 않다. 새로운 고객을 확보하고 싶어도 무작정 찾아가는 옛날 방식의 영업은 할 수 없다.

최근 회사들은 워낙 보안이 철저해서 선약을 잡지 않으면 빌딩 안에도 들여보내 주지 않는다. 심지어 이쪽 부서에서 저쪽 부서로 인사하러 가고 싶어도 담당자가 자리에 없으면 갈 수 없다. 예전처럼 책상 위에 '저 왔다 갑니다'라는 쪽지조차 남길 수 없는 것이다.

그리고 안타깝게도 단골 거래처가 많지 않은 영업사원이 바로 나다. 당연히 오늘도 가야 할 거래처는 없지만, 회사에 있는 것도 마음이 편치 않아 일단 밖으로 나왔다.

'그런데 이제 뭘 하지? 돈만 있으면 패스트푸드점에서 시간을 때울 텐데…….'

하지만 그 정도 여유도 없는 나에게 선택지는 별로 없다.

✕ 차에서 낮잠? → 차 없음

✕ 파친코? → 너무 못해서 금방 끝남

✕ 피시방이나 만화방? → 의외로 돈이 많이 듦

그래서 최근에 내가 자주 찾는 곳은 얼마 없는 단골 거래처를 방문했다가 돌아가는 길에 우연히 발견한 어느 공원이다.

공원이 꽤 넓고 벤치도 많아 언제 가도 편히 쉴 수 있다. 요즘에는 잔디……라고 하기 뭐한 풀밭 위에 돗자리를 펴고 느긋하게 시간을 보내는 사람들도 많아졌다. 그들을 보고 있으면 마음이 한결 가벼워지는 기분이다. 무엇보다 회사와 30분 정도 떨어진 곳이라 아는 사람을 만날 확률이 낮다.

공원이다 보니 계절과 날씨를 타긴 한다. 너무 덥거나 추운 날에는 밖에 있기 힘들고, 비를 맞으며 벤치에 앉아 있을 만큼 난 괴짜가 아니다.

사실 30대 남자가 공원에 혼자 멍하니 있는 모습이 이상해 보일지도 모른다. 그러나 나에게 그런 시선쯤은 아무런 문제도 되지 않는다. 마음을 편하게 만드는 적당한 풀숲도 좋고, 무엇보다 몇 시간을 있어도 무료다! 천둥 번개를 동반한 비라도 오지 않는 한, 시간 때우기…… 아니, 사색에 잠기기 딱 좋은 곳이다.

결국 오늘도 공원을 찾았다. 점심은 대충 먹고 소화나 시킬 겸 공원을 한 바퀴 돈 뒤 익숙한 벤치로 향했다. 이 벤치는 나만의 일등석이다. 앞이 탁 트여서 구경만 해도 시간이 흐르는 최고의 자리다.

벤치에 앉아 가만히 풍경을 쳐다보고 있자니 얼마 전 동창을 만났던 일이 자꾸 떠올랐다. 대화를 나누다 우연히 우리 둘의 연봉 차이가 엄청나다는 사실을 알았다. 어찌나 충격이 컸던지!

정확한 금액을 들은 건 아니다. 다만, 서로 사는 이야기를 나누다 보니 연봉의 차이가 느껴졌다. 그 친구는 결혼을 준비하고 있는데, 예약한 식장이 꽤 고급스러운 곳이었다. 게다가 여행도 꽤 자주 다니는 것 같았다. 난 적금도 겨우 넣는데…….

사실 나는 신입으로 입사한 이후 지금까지 연봉이 아주 조금밖에 오르지 않았다. 솟구치는 불만을 지우고자 후 하고 한숨을 쉬곤 고개를 돌렸다. 그러자 땅만 보며 걷는 한 남자가 눈에 들어왔다. 그는 계속 같은 곳을 왔다 갔다 하고 있었다.

그런데 그 남자의 모습이 어딘가 부자연스러웠다. 머리는 덥수룩하지만 정돈됐다. 수염도 깔끔하게 밀었다. 옷도 남루하지 않다. 머리부터 천천히 내려가던 내 눈길은 발끝에서 멈추었다.

'어? 저 사람 맨발이잖아!'

의문의 남자와 유쾌하지 않은 첫 만남

맨발의 남자를 쳐다보다 그와 눈이 마주쳤다. 나이는 나보다 대여섯 살 정도 많아 보였다. 얇고 펄럭이는 긴 티셔츠에 헐렁한 바지, 그리고 맨발.

아니, '자유로운 영혼'이냐고!

마음속으로 외치다 그만 쿡 웃고 말았다. 그때 갑자기 맨발의 남자가 서 있는 쪽에서 목소리가 들렸다.

"무슨 좋은 일이라도 있나? 아니면 날 보고 웃은 건가?"

당황한 나는 황급히 웃음을 감춘 채 천천히 시선을 돌렸다. 그러자 맨발의 남자는 또다시 말을 걸었다.

"못 들은 척할 생각인가 보네. 그래, 그건 상관없는데 네 핸드폰 벤치 밑에 떨어졌어. 안 주워? 이 시간에 공원에 있는 걸 보니, 보나 마나 능력 없는 영업사원이지? 단골 거래처와 선약도 없고, 연락 올 거래처도 없으니 핸드폰이 떨어진 줄도 모르지. 일은 안 하고 이런 데서 시간만 죽이고 있는 직원에게 매달 꼬박꼬박 월급을 줘야 하는 회사는 무슨 죄냐고."

마치 나에 대해 다 아는 듯 말하는 그를 보니 화가 벌컥 치밀어 올랐다.

"저 시간 죽이고 있는 거 아니거든요. 그리고 요즘에는 무작정 회사에 찾아간다고 들여보내 주지도 않는다고요. 일하고 싶어도 못 해요."

"후후, 지금 그걸 변명이라고 하나?"

나를 비웃는 듯한 그의 태도에 분노가 일었다. 하지만 그와 더 대화를 이어가고 싶지 않아서 애써 감정을 꾹 눌렀다.

"마음대로 떠드세요. 제가 무슨 일을 어떤 방식으로 하는지, 오늘 처음 본 당신이 뭘 안다고 그래요."

"맞아. 네가 무슨 일을 하는지, 어떻게 하는지 모르는 데다가 알 수도 없어. 하지만 한 가지는 확실해. 너는 우수한 직원이 아니야. 왜 그런 줄 알아?"

그의 말에 어이가 없어서 아무런 말도 나오지 않았다.

"흠, 잘 모르는 것 같으니 알려주지. 먼저 근무 시간인데 넌 일을 안 하고 있어. 회사는 이 시간에도 너에게 월급을 주고 있는데 말이지. 일도 안 하고 할 마음도 없다면 반차를 썼어야지. 그 편이 훨씬 양심적이고 네 정신 건강에도 좋을 것 같은데?"

의문의 남자는 내게 말할 틈도 주지 않고 빠르게 말을 이었다.

"그리고 너의 말은 그저 변명에 불과해. 일 못하는 녀석일수록 변명을 잘하는 건 전 세계 공통일지도 모르겠군. 변명을 늘어놓는 사람이 뛰어난 능력을 갖췄을 가능성은 극히 드물어. 본인의 부족함을 인정하지 않고, 남은 물론 자기 자신까지 속이는 방법만 배운 사람이니까. 이보다 안타까운 사람은 없어.

아마 네 삶은 일 말고도 변명으로 가득 차 있을 테지. 어쩌면 죽는 순간까지 너 자신에게 거짓말을 계속할지도 몰라. 자신의 상황을 변명거리로 삼을지, 그 안에서 앞으로 나아갈 힘을 찾을지는 네가 정하는 거야. 지금과 똑같이 살고 싶다면 상관없지만, 성공하고 싶다면 변명하는 습관을 버리는 게 좋을걸. 변명만 늘어놓다가는 신이 그 대가로 네 모든 재능을 가져가버릴 테니까."

어안이 벙벙했다. 상당히 무례한 사람 아닌가? 나를 마치 능력 없는 사람처럼 취급하는데, 총알처럼 빠르게 쏘아대는 바람에 반박도 못 했다.

"저기요. 적당히 좀 하시겠어요? 저에 대해서 아무것도 모르는 사람한테 그런 말을 들을 이유가 없거든요. 그쪽이야말로 대

낮에 공원에 있는 걸 보니 백수 아닌가요? 저보다도 안 좋은 상황 같은데요. 그리고……"

나는 그렇게 말하고 남자의 발을 쳐다보았다.

"요즘 시대에 맨발이라니. 신발 살 돈이 없으면 제가 빌려드릴게요. 그 정도 돈은 있거든요. 말만 번지르르하면 뭐 하나요. 신발 한 켤레 사지도 못하는 사람의 이야기를 누가 듣겠어요."

"그럼 하나만 물을게. 넌 왜 신발을 신고 있지?"

맙소사, 이 사람 지금 대체 무슨 소리를 하는 거지?

"그야 저는 문명인이니까요. 무슨 원시인도 아니고."

"문명인이라. 어디서 주워들은 단어를 쓰는 게 훤히 보이는군. 후후, 잘 들어. 맨발로 생활하면 바른 자세를 취하게 돼. 아니, 맨발로 걸으면 저절로 자세가 좋아진다고 해야 할까. 어쩌면 너의 그 구부정한 등도 펴지고, 통통한 뱃살도 조금 들어갈지도 모르지. 게다가 숲속을 맨발로 걸으면 집중력이 2배나 올라가고 의지력도 강해져. 명상 효과도 좋아지고."

"명상이요? 사람들이 앉아서 눈 감고 하는 거요? 전 명상을 별로 안 좋아하는데요."

"명상을 굳이 앉아서 할 필요는 없어. 1시간 이상 앉아 있으면 혈액순환에 좋지 않다는 연구 결과도 있고. 명상할 때 굳이 책상다리를 해야 하나 싶어서 근거를 찾아봤는데 못 찾겠더라. 그냥 관습인 셈이지.

원시 불교에는 보행 명상[1]이라는 게 있었어. 계속 앉아 있는 것보다 걷는 게 훨씬 더 건강에 좋으니까 걸으면서 명상하는 거야. 휴식 효과를 측정했을 때 1이 최고치라면 명상이 0.4 정도, 나무가 많은 공원이나 숲은 0.7 정도로 높아. 그러니 명상을 자연 속에서 한다면 일거양득 아니겠어?"

하, 참! 말은 또 왜 이렇게 빠른 거야.

"자, 다시 물을게. 넌 왜 신발을 신고 있지? 문명인이라서 신는다는 추상적인 소리 말고, 왜 신발을 신어야 효과적인지 대답할 수 있나?"

"물론이죠."

"예를 들면?"

"네? 그야…… 뭔가를 밟아도 다치지 않고."

"그래, 그렇긴 하지. 또?"

"발이 더러워지지 않고, 또 발에 상처가 생겨도 균에 감염되지 않고."

"안전과 위생 측면 말고, 신발을 신었을 때 효율이 높아지는 상황은 없어? 맨발 명상을 하면 집중력이 높아지는 것처럼."

"으음……. 그런데 이런 바보 같은 질문에 대답하는 게 의미가 있나요?"

"이걸 바보 같다고 단정 짓는 근거는?"

"그만 좀 하세요! 바보 같으니까 바보 같다고 하죠. 애초에 신발을 신어야 한다는 건 누구나 아는 상식이잖아요. 오히려 신발을 신지 않을 이유가 없어요."

"하하하."

그가 갑자기 웃음을 터뜨렸다.

"상식이라. 넌 상식을 얼마나 믿지? 아마 아무런 의심도, 진지하게 고민해볼 생각도 하지 않고 그냥 받아들이겠지. 그래서 넌 그저 평범한 사람인 거야."

"상식은 당연한 걸 말하잖아요! 그러니 의심할 필요 없죠. 또 근거를 대라고 할 거죠? 잠깐만 기다리세요. 지금 찾아볼 테니까. '상식이란, 사회를 구성하는 자가 가져야 하는 사회적인 가치관, 지식, 판단력. 또 객관적으로 당연한 행위 및 당연하게 보이는 행위나 일을 말한다. 반의어는 몰상식. 사회에 적합한 상식이 없는 경우, 사회생활에 지장이 생길 수 있다'라고 이 사이트에 쓰여 있다고요. 이것 봐요! '객관적으로 당연한'이라잖아요. 그런데 왜 의심해야 하죠?"

뜻밖의 발견을 하는 재미

'역시 이상한 사람이었어. 상식적인 사람은 절대 아닐 거야. 괜히 트집만 잡고.'

나는 그와의 말싸움에서 이긴 듯해서 만족스러웠다.

"그렇다면 너의 상식을 시험해보지. 탕, 아침, 모래. 이 세 가지 단어에 공통으로 넣을 수 있는 말이 뭘까?"

"뭐라고요? 제 얘기 들은 거 맞아요? 이제 그만하시라고요. 게다가 탕, 아침, 모래? 전혀 상관없는 단어들인데 여기에 공통으로 무슨 말을 넣어요."

"하하하, 역시. 그런데 정말 공통으로 들어갈 말이 없을까? '목욕'은 어때? 목욕탕, 아침 목욕, 모래 목욕. 말이 되지?"

"정말 황당하네요. 저는요, 오늘 처음 만난 수상한 사람과 이런 퀴즈를 풀 정도로 한가하지 않거든요. 시간 낭비 같아요. 생각해야 할 것도 많은데."

"그렇게 화내지 말고, 한 문제만 더 풀어봐."

"아뇨, 됐어요! 몰상식한 사람은 다른 사람의 시간을 뺏어도 괜찮은가 본데, 전 이해해줄 수 없어요."

"혹시 RAT[2]라는 검사 알아? 아니, 물어본 내가 바보다. 알 리가 없지. 그냥 알려줄게. RAT는 Remote Associates Test의 줄임말로, 해석하면 '원격 연상 단어 검사'라고 해."

"어휴, 됐다고 하는 말 못 들었어요?"

"그러지 말고 좀 들어봐. 너한테도 도움이 될 테니까. RAT는 쉽게 말하면 전혀 관계없어 보이는 것들 사이에서 공통점을 찾는 테스트야. 통찰력을 측정할 수 있지. 흔히 똑똑한 사람인지 알고 싶을 때 IQ를 묻잖아. 그런데 머리가 좋다는 걸 보여주는 지표 중에는 언어적 지성, 즉 말을 다루는 능력도 있어.

실제로 RAT 테스트를 받은 사람들의 데이터를 분석해보니 공통점을 잘 찾는 사람일수록 똑똑하다는 결과가 나왔어. 어때,

설명을 들으니 다시 풀어보고 싶지? 딱 한 문제만 더 낼게. 이치('위치'라는 뜻), 오모리('추'라는 뜻), 키타('북쪽'이라는 뜻). 이 세 단어의 공통점을 찾아봐."

그의 말에 대꾸할 필요는 없지만, 호기심이 생긴 나는 답을 찾기 위해 머리를 굴렸다.

"이치, 오모리, 키타? 전혀 모르겠어요. 흠……?"

"어쩔 수 없지. 답을 가르쳐줄게. 앞에 모두 '아'를 붙여봐."

"아이치, 아오모리, 아키타? 아, 현 이름! 이건 진짜 말장난이잖아요."

"어때, 쉽지? RAT 테스트로 지능을 측정할 수 있지 않을까 논의했던 해가 1962년이니 벌써 60년도 넘었군. 이 주제를 오래 연구한 미국 미시간대학의 연구자는 똑똑한 사람들이 갖춘 세 가지 힘[3]을 이렇게 정의했어.

먼저, 다른 것들 사이에서 유사성을 찾아내는 힘. 두 번째는 일반 상식에 대한 고찰. 너처럼 '상식이니까, 관례니까'라며 그저 받아들이지 말고 의문을 가져야 한다는 뜻이야. 마지막은 세렌디피티(Serendipity). 처음 듣는 말인가? 이건 수많은 정보 속에서 다른 의미와 가치를 찾아내는 힘, 즉 영감을 얻는 힘을 말해. 언어든 그림이든 서로 다른 것들 사이에서 재빠르게 공통점을 찾아낼 수 있는 사람은 쉽게 새로운 발상을 떠올리고, 새로운 일을 시작할 수 있어. 하지만 너처럼 상식을 맹신하고 곧이곧대로 받아들이면 새롭게 변하기 어렵지."

의욕이 안 생기는 이유는 바로 이것 때문!

완전히 지쳤다. 변명이니 상식이니, 내가 하는 말을 하나하나 다 꼬투리 잡고. "변명이 뭐가 나빠. 상식이 뭐가 나쁘냐고!"라고 외치고 싶은 심정이다.

"화났나?"

"아뇨, 딱히."

"눈동자가 막 흔들리는 걸 보니 많이 화난 것 같은데."

"……."

"후후, 지금까지 했던 행동들을 사과하는 의미로 실용적이고 유익한 이야기를 하나 해주지."

"후후요? 사과한다더니 지금 웃으셨어요? 제가 그쪽을 위해 조언하자면, 어디 가서 그렇게 웃으면서 사과하지 마세요."

"그래서 어떻게 할래? 유익한 이야기를 듣고 싶지 않나?"

"하, 정말 제 말은 듣지도 않네요. 뭐, 저한테 유익한 이야기라니 속는 셈 치고 들어볼게요."

"아까 만나자마자 난 자네에게 '일을 안 하고 시간을 죽이고 있다'라고 했지. 그래서 자네는 크게 화를 냈어. 만약 내 추측이 틀렸다면 사과하지. 하지만 공원에서 시간을 보내며 일하지 않는 상황은 '의욕이 없다'고 볼 수 있을 것 같은데, 어때?"

"이제야 좀 점잖게 말씀하시네요. 그래도 여전히 마음에 안 들지만……. 사실 최근에는 여러모로 제약이 많아서 일을 해보려고 해도 할 수 없는 것도 있고, 뭘 해야 좋을지도 모르겠고. 의욕이 도저히 안 생겨요."

나는 미로에 갇힌 듯한 막막한 감정을 털어놓았다.

"하려고 생각했던 일을 아예 하지 못했던 적이 있어?"

"당연하죠. 그런 경험은 누구나 있지 않나요?"

"누구나 있겠지. 하지만 지금은 다른 사람 말고 너에게 집중하도록 해. 당장 해야 하는 일이 있는데 급하지 않은 일에 집중하느라 하루를 다 날린 적은? 그래서 어쩔 수 없이 야근했다거나, 못 끝낸 회사 일 생각에 찜찜한 기분으로 주말을 보낸 적은?"

"……있어요."

"그러고 나면 '왜 난 언제나 이런 식이지?'라면서 자신을 책망했겠지."

"네."

"그런 행동을 '비기능적 행동[4]'이라고 해. 즉 의미가 없는 행동, 모순된 행동, 지금 하지 않아도 되는 행동, 사실 하지 않아야 더 좋은 행동, 자신에게 도움이 되지 않는 행동인 셈이지."

"후……. 물론 처음부터 쓸데없는 일이라는 사실을 알았다면 하지 않았을 거예요. 하지만 막상 자기가 하고 있을 때는 잘 모르거든요. 당신처럼 제3자의 입장에서 볼 수 있었다면 애초에 그, 뭐라고요? 비기능적인 일? 그런 건 안 했겠죠."

그는 아무 말 없이 히죽히죽 웃기만 했다.

"전 원래 굉장히 게으른 사람이거든요. 그래서 되도록 해야 하는 일이 생각나면 그때그때 바로 하려고 노력하는 중이에요. 의욕은 아무것도 하지 않을 때 생기는 것이 아니라, 움직일 때 생긴다고 듣기도 했고요."

"흠, 성공하기 위해서는 '생각났을 때 바로 움직여야 한다'라거나 '동기부여가 중요하다'라고 말하는 사람들이 분명히 있지.

하지만 더 중요한 건 해야 할 일과 하지 않아야 할 일을 구분해서 어디에 힘을 쏟을지 판단하는 거야. 하지 않아도 되는 일에 힘을 쏟아서는 안 돼. 즉, 반드시 해야 하는 일에만 동기부여를 하고, 하지 않아야 하는 일에는 동기부여를 하지 않는 거지. 이게 중요해. 단순히 '당장 하는 게 좋겠어'라고만 생각하면 하지 않아도 되는 일까지 하게 되거든."

그의 쉴 새 없는 총알 토크에 약간 어지러웠지만, 나도 모르게 고개를 끄덕였다.

"예를 들어, 프레젠테이션 자료는 A4 용지 한 장에 핵심만 정리해야 읽기 편해. 그런데 온갖 정성을 쏟아 자료를 몇 페이지나 만드는 사람이 있어. 이는 상대를 이해시켜야 하는 프레젠테이션의 본래 목적에서 크게 벗어나는 행동이야. 그 사람의 목표가 자료를 열심히 만드는 일로 바뀌었기 때문이지."

"아, 그럴 때 있죠. 일찍 자야 하는 날인데 누워서 계속 핸드폰만 본다거나, 다음 날 중요한 일정이 있는데 밤늦게까지 술을 마신다거나. 시험 전날에 새벽까지 방을 청소한 적도 있어요. 살이 좀 쪄서 다이어트를 결심하고선 새벽에 감자칩을 막 먹기도 하고요. 대체 왜 그러는 걸까요?"

"답부터 말하자면 회피하기 위해서야. 당장의 불안함이나 스트레스를 회피하기 위해 즉흥적으로 행동하는 거지. 때로는 장기적인 장점을 외면하기도 해. 특히 해야 할 일이 있어도 행동으로 옮기지 못하는 사람들에게 이런 경우가 많이 나타나지.

우리는 매일 많은 일을 해내려고 노력해. 하지만 어떤 일을 했을 때, 장기적인 장점이 있는지 아니면 단기적인 장점밖에 없는지를 판단하는 게 중요해. 그걸 모르면 손대기 쉬운 일부터 시작하고 결국 같은 실수를 반복할 뿐이지."

"네? 잠깐만요. 보통 그렇게 하지 않나요?"

"그래, 흔한 일이야. 인간은 앞으로 나아가고 있다고 느끼고 싶어 하니까. 때론 하지 않아도 되는 일을 일부러 할 때도 있어. '일하고 있다'라는 감각에 취하는 거지.

중요한 일을 직시하는 데 대한 스트레스, 실패할지도 모른다는 불안함을 회피하기 위해서 충동적으로 하지 않아도 되는 일을 하는 거야. 결국 본래 해야 할 일을 달성했을 때의 장기적인 장점이 얼마나 대단한지를 모르고 있는 셈이지."

"일하고 있다는 감각에 취한다고요? 하지만 지금 꼭 할 필요 없다고 하더라도, 언젠가 해야 하는 일이잖아요. 예를 들어, 한밤중에 방을 청소했다고 해봐요. 다음 날 피곤할지는 몰라도, 방이 깔끔해져서 물건을 찾기 쉽고 기분도 좋잖아요. 계속 지저분한 방을 방치할 수도 없고요. 이거야말로 장기적으로 보면 장점 아닌가요? 방을 청소하는 데 단점이 있나요?"

"한 번 밤을 새우면 그 뒤로 3일 정도는 판단 능력이 떨어져. 이미 유명한 사실이지. 3일 동안 판단 능력이 떨어지면 어떤 장점이 있을까? 부작용은 없을까? 방 청소는 밤을 새워서 할 게 아니라 아침에 일찍 일어나서 매일 10분씩만 하면 돼. 오랜 시간 청소해야 할 정도로 어지럽히는 일 자체가 비효율적이지."

"그, 그건 그렇긴 한데……. 아, 방금 스트레스나 불안감을 회피하기 위해서 하지 않아도 되는 일을 한다고 했잖아요. 그런데 정말 그럴까요? 자기 전에 핸드폰을 잠깐 보는 이유는 불안감이나 스트레스 때문이 아니라, 메일을 확인하거나 뉴스나 연예 정보를 보기 위해서인데요. 단순히 기분 전환을 위해서요. 그런 것까지 일일이……."

"아무래도 행동의 장단점을 확인하는 방법을 알려줘야겠네. 세계 대학들의 순위를 매기는 Times Higher Education(THE)이라는 기관이 있어. 이 기관에서는 창립한 지 50년이 안 된 대학들의 순위도 매기지.

그중에 2013년 이후 늘 상위 10위 안에 드는 마스트리흐트대학이라는 곳이 있어. 이 대학의 연구팀은 💡Work 1 동기부여 개선 도구(50쪽)[5]라는 것을 개발했지. 비기능적 행동의 장단점을 파악해서 목표 행동에 적절한 동기부여를 유지할 수 있도록 돕는 도구야. 쉽게 말해, 행동의 단점과 장점을 나란히 써보고 객관적으로 판단하게 도와줘."

정말 하고 싶은 일이 뭐야?

―――――

"비기능적 행동이 의미 없는 행동이나 불필요한 행동이라고 했죠? 아, 들을수록 모르겠어요. 비기능적 행동의 장단점을 언제 써보라는 거예요? 감자칩 봉지를 뜯기 전에, 아니면 아예 편의점에서 감자칩을 사기 전에 귀찮게 글로 써보라는 말이에요? 감자칩을 먹을 때 동기부여 같은 건 아무래도 상관없다고요. 생각만 해도 귀찮아요!"

"하하하, 감자칩을 먹고 싶으면 먹어도 돼. 그렇지만 다이어트하고 싶다는 목표는 어디로 갔어? 일상생활 속 무의미한 행동에 대해 모두 쓰라는 뜻이 아니야. 동기부여 개선 도구는 변하고 싶다고 생각하지만 동기부여를 얻지 못할 때만 하면 돼. 일단 하나만 해보자."

그는 그렇게 말하더니 책상다리를 하고 땅에 앉았다. 나도 얼떨결에 벤치에서 내려와 그와 똑같은 자세로 앉았다.

"먼저 행동 선택하기. 변하고 싶지만 잘 안되는 것, 시작하기 어려운 것을 하나 선택해. 기억하기 쉽게 휴대폰 메모장에라도 적으면 좋아. 방금 말한 다이어트도 괜찮고."

"아니, 다이어트는 농담으로 한 말이었어요. 음, 변하고 싶지만 시작하지 못하는 행동이라……. 바로 떠오르는 게 하나 있네요. 이직이요."

"지금 다니는 직장을 그만두고 싶나?"

"아뇨, 사실 지금 직장이 싫진 않아요. 마음도 편하고 회사 사람들도 다 좋거든요. 그런데 이 회사를 계속 다녀도 나한테 중요한 프로젝트를 맡기지 않을 것 같다는 생각이 들어요. 게다가 월급이 너무 적어서 더 올리고 싶고요. 그렇지만 제 학력과 능력에 이 정도 월급이면 나쁜 편은 아니긴 해요. 제게 지금보다 더 높은 연봉을 줄 만한 곳도 없더라고요."

"그럼, 이직을 원하는 게 아니라 월급이 오를 만한 성과를 내고 싶은 건가?"

그 말을 듣자 뒤죽박죽이었던 머릿속이 선명해지는 기분이 들었다. 그렇구나. 난 이직하고 싶은 게 아니었다. 이 회사에 계속 다닐 수 있다면 다니고 싶다. 조금 더 보람찬 일을 하거나 월급이 오를 만한 성과를 낸다면 만족할 수 있을까?

하지만 그런 길은 보이지 않았다. 아니, 어쩌면 모르는 척하고 있었는지도 모르겠다.

"혹시 이게 조금 전에 말한 스트레스나 불안으로부터 도망치는 무의미한 행동……으로 이어지나요?"

"하하하, 생각보다 머리 회전이 빠르군. 너무 서두르지 마. 하나씩 설명해줄게. 일단 '지금 다니는 회사에서 월급이 인상될 만한 실적 내기'를 선택한 거지? 그러면 다음으로 그것을 방해하는 행동을 하나 적어봐."

"시간이 없다거나 귀찮다거나 실패하고 싶지 않다거나 그런 거요?"

"흠, 지금 말한 것들이 행동일까?"

"아, 아니에요. 감정……?"

"그럼 방해하는 '행동'은 뭐지?"

"음……."

"방금 말한 답을 토대로 생각해봐. 예를 들어, 정말 시간이 없다면 시간을 없애는 행동은 뭐지? 아니면 귀찮다고 느끼게 하는 행동은?"

"여러 가지가 떠오르는데요. 하나만 써야 하나요?"

"그중에서 가장 문제라고 생각하는 행동을 써봐."

나는 벤치 아래에 떨어져 있던 스마트폰을 주워서 메모장에 '이직 준비'라고 적었다.

나의 발목을 잡았던 것

"여기까지가 첫 번째 과정이야. 두 번째는 행동 분석! 너의 목표를 방해하는 행동이 무엇인지 적었지? 이제 그 행동의 장점과 단점을 분석할 거야. 방법은 간단해. 4개의 칸을 만들고 각각의 칸에 단기적 장점, 단기적 단점, 장기적 장점, 장기적 단점을 적어."

"먼저, 이직 준비의 단기적 장점이네요. 음, 인터넷에서 채용 공고를 읽다 보면, 마치 내가 이직한 듯한 기분이 들어서 설레요.

그 회사에서 일하는 모습도 상상해보고……. 때론 '어차피 떨어질 텐데, 뭐'라는 생각에 기운이 빠지기도 하지만요. 그래도 열심히 직장을 찾는 내 모습에 만족한달까요.

단기적 단점은 바로 떠올랐어요. 새 직장을 찾는 동안 점점 자신감이 떨어져요. 회사 사람들에게 미안한 마음도 들고요.

그리고 장기적인 장점은……. 새 직장을 찾는 일에 장기적인 장점이 있을까요? 직장을 장기적으로 찾으면 힘들 텐데요. 빨리 찾는 편이 좋죠. 그래도 굳이 뽑자면, 내가 어떤 사람인지 보인다는 점? 아니다. 생각해보니 이건 장점이 아니겠네요. 저에 대한 부정적인 감정도 솟구치니까요."

"목표를 방해하는 행동의 장기적 장점은 잘 떠오르지 않는 경우가 많아. 그러니까 생각난 그대로 써도 좋아."

"알겠습니다."

나는 떠오르는 대로 메모장에 적었다.

"마지막은 장기적 단점이었죠. 이직 준비의 장기적 단점……. 일에 집중하지 못한다. 그리고 지금 다니는 회사에서 일할 의욕이 점점 사라진다. 어라…… 이러면 지금 회사에서 내 가치를 올릴 만한 성과를 낼 수 없잖아."

생각지도 못한 결론에 도달하자 순간 멍해졌다. 나는 더 많은 월급을 받을 수 있게 성과를 내고 싶은데, 그동안 완전히 반대로 행동했던 것이다.

정말 자신을 다 안다고 생각해?

———

당황스러운 마음에 고개를 돌리니 그는 기특하다는 듯 미소를 짓고 있었다.

"대단한걸. 혼자 답을 찾았어. 만약 장점이 크게 보인다면 어떤 행동이든 꾸준히 지속할 수 있어. 반대로 단점이 크게 느껴지면 무의식적으로 했던, 또는 잘 보이려는 마음에 지속했던 행동을 그만둘 수 있고. 우리는 욕망과 감정에 휘둘려서 어떤 행동을 할지 결정하곤 해. 하지만 이렇게 장단점을 파악하면 나의 욕구와 감정을 분리해 객관적으로 판단할 수 있어."

"예상도 못 했던 결과가 나왔어요……."

"꽤 충격이 큰가 보네. 마지막으로 되돌아보기 단계를 하면 생각을 확실히 정리할 수 있을 거야. 직접 해보니 어때?"

"'내가 지금 뭐 하고 있는 거지?'라는 생각이 들었어요. 제가 원하는 결과와 완전히 반대되는 일을 하고 있었네요. 더 나은 미래를 위해서 직장을 찾는다고 생각했는데, 전혀 아니었다니. 충격이에요."

"그럼, 너에 대해서 새롭게 알게 된 점은 있어?"

"남들은 저를 대충 사는 사람으로 볼지 몰라도, 전 제 미래에 대해 진지하게 고민하는 사람이라고 생각했어요. 그런데 지금껏 저 자신을 깊이 들여다보지 않았다는 생각이 들어요. 지금 다니는 회사에서 성과를 내고 싶다는 사실도 오늘에서야 알았고요.

처음에는 당신을 이상한……"

여기까지 말하자 그는 갑자기 웃기 시작했다.

"하하하, 다들 너처럼 자신에 대해 잘 안다고 착각하곤 하지. 그래도 자신에 대해 조금은 알게 됐다니 다행이네. 처음부터 거창한 행동을 분석하긴 어려울 테니 간단한 것부터 하나씩 해봐. 조금 전 말한 다이어트와 감자칩을 예로 들어 볼까?"

"하, 다이어트를 하고 싶진 않다니까요."

"다이어트가 필요해 보이는데? 자, 들어봐. 다이어트를 하고 싶은데 나도 모르게 감자칩을 먹잖아. 이 행동의 단기적인 장점은 좋아하는 간식을 자유롭게 먹을 수 있다는 것, 그리고 단기적인 단점은 먹고 나서 느끼는 죄책감을 들 수 있어. 포동포동하게 살만 찔 뿐이니 장기적인 장점은 있을 리 없지. 장기적인 단점은 맞는 옷도 없어지고, 건강도 나빠지는 데다 이성에게 인기도 없어져. 어때? 이래도 감자칩을 먹고 싶어? 하하하!"

마음대로 분석하고선 깔깔거리며 웃는 그를 보니 잠시 잊었던 짜증이 다시 올라왔다. 잠깐이나마 감사함을 느꼈던 내가 바보였다. 이 녀석에게는 다른 사람의 마음을 배려하는 섬세함 따위는 없다. 분명 모든 사람을 자기보다 아래에 두고, 자기만 잘났다고 생각할 것이다. 처음 본 나를 대하는 태도만 봐도 알 수 있다. 나와는 평생 엮일 일이 없는 유형이다.

못마땅한 마음을 누르고 주변을 둘러보니 어느덧 땅거미 진 공원에는 우리 둘뿐이었다.

"이제 저는 슬슬 가볼게요. 이 정도면 충분히 대화를 나눈 것 같네요."

나는 가방에 재빨리 스마트폰을 넣었다.

'쳇, 이것만 떨어뜨리지 않았다면 저런 사람과 말을 섞을 일도 없었을 텐데.'

자리에서 일어나자 그가 나를 향해 말했다.

"방금 했던 활동이 너에게 어떤 영향을 주었는지 생각해봐. 그리고 아직 알 수 없겠지만, 오늘 얻은 깨달음을 앞으로 어떻게 실천해나갈 건지 메모장에 추가로 적도록 해. 거기까지가 되돌아보기 단계야."

지하철역으로 걸어가는데 은근히 부아가 치밀었다.

"되돌아보긴 뭘 되돌아봐. 다이어트 얘기할 때는 날 조롱했으면서. '포동포동 살만 찔 뿐이라서 장점이 있을 리 없어. 이래도 감자칩을 먹고 싶어?' 장난해? 넌 감자칩도 안 먹냐! 사실 알고 보면 공원에서 노숙하는 사람 아니야?"

중얼중얼 불평하다 보니 어느새 개표구에 도착했다.

'빨리 집에 가서 쉬어야…… 응? 어라? 정기권이 어디 갔지? 회사에서 나올 때까진 분명히 있었는데. 설마 아까 그 공원에서 잃어버렸나?'

그 생각에 도달하자 온몸에서 힘이 빠져나가는 느낌이었다. 다시 공원으로 돌아가 정기권을 찾아야 할까, 아깝지만 일단 새

승차권을 사서 집에 가야 할까……. 고민하던 그때 아까 만난 이상한 남자의 얼굴이 떠올라 고개를 세차게 저었다. 그러고는 한치의 망설임도 없이 승차권을 샀다.

이상한 남자를 만나는 바람에 오늘은 여러모로 힘든 하루였다. 이렇게 좋아했던 공원을 잃어야 하는 것인가!

할 일을 미루고 옆길로 새는 이유는 의욕이 없기 때문이다.

불필요한 일에 동기부여를 하고 있지 않은지 점검하라.

해야 할 일을 못 하게 만드는 행동은 무엇인지 고민해보라.

20분의 기적이
일어난다면

아침 6시.

머리맡에서 스마트폰의 알람이 요란하게 울렸다. 나는 '5분 후 다시 울림'을 3번이나 누르고서야 간신히 몸을 일으켰다. 눈을 감은 채 가만히 호흡에 귀를 기울였다. 평소보다 너무 일찍 일어난 탓인지 침대 밖으로 나가고 싶지 않았다.

'꼭 오늘 공원에 갈 필요는 없지 않을까? 내일, 아니 모레 가도 괜찮지 않나. 그냥 정기권을 잃어버렸다고 생각하고 포기할까? 그러면 굳이 공원에 가지 않아도 되잖아.'

졸음이 쏟아져 다시 누우려는 찰나, 문득 '출입증'이라는 글자가 머리에 떠올랐다.

아뿔싸! 회사 건물에 들어갈 때 필요한 출입증을 정기권과 함께 지갑에 넣어 놨다.

'아, 하루 정도는 출입증이 없어도 들여보내 주지 않을까? 벌

써 8년이나 다니고 있잖아. 출입증을 잃어버렸다고 말하면 이해해줄 것 같은데.'

나는 다시 침대에 누워 눈을 감았다.

'됐어. 아, 귀찮아. 될 대로 되라지. 잠깐, 오늘이 금요일이던가? 아침 일찍 중요한 회의가 있는 날이잖아! 오늘 일찍 출근해서 회의 준비를 하려고 했는데 어떡하지……'

이게 다 어제 이상한 사람을 만난 탓이다.

'출입증 없이 회사 건물에 들어가려면 총무부에 서류를 내야 했던 것 같은데. 그런데 혹시 그 공원에서 잃어버린 게 아니라면 어쩌지. 출입증을 재발급받으려면 돈이 든다고 하지 않았나? 게다가 시말서도 써야 하는 거 아냐? 으아, 귀찮아. 역시 출근하기 전에 공원에 들러 찾는 수밖에 없겠어.'

고민을 끝낸 나는 부랴부랴 공원으로 향했다.

아침에 찾은 공원의 분위기는 낮과 조금 달랐다. 공원 이용객의 연령대는 약간 더 높았지만, 하루를 시작하는 사람들의 활기가 느껴졌다.

공원에 들어서자 발길은 자연스레 늘 앉던 벤치로 향했다. 그곳에 가까워질수록 나도 모르게 안도감이 들었다. 그런데 웬걸. 아무리 벤치 주변을 샅샅이 뒤져도 출입증과 정기권이 보이지 않았다.

'여기에 떨어뜨린 게 아닌가? 그러면 어디지? 못 찾으면 시말서를 써야 하는데. 총무부 우에다 씨는 농담도 주고받을 줄 모르고 전혀 웃지도 않아서 대하기 영 어려운데. 어떡하지? 공원에 있는 사람들한테 물어볼까?'

벤치에 앉아 초조하게 고민하던 그때, 건너편에서 어제 본 이상한 남자가 걸어오는 모습이 보였다. 오늘도 역시 맨발이었다. 이 사람은 정말 자유로운 영혼 같다.

'저 사람은 혹시 보지 않았을까?'

나는 곧장 그를 향해 뛰기 시작했다.

"아, 안녕하세요. 헉헉. 그러니까."

"뭐야, 누군가 했네. 왜 이렇게 숨을 헐떡거려. 2킬로미터 정도 뛰었나?"

"아뇨, 저쪽, 헉헉. 저쪽에서…… 뛰어왔어요."

그는 내 손가락을 따라 시선을 쑥 돌렸다가 어이없다는 표정으로 다시 나를 쳐다보았다.

"고작 100미터 뛰고 이러는 거야? 아침은 먹었어?"

"아뇨, 아침은 원래 안 먹어요."

"허, 아침을 안 먹는 이유가 따로 있을 것 같진 않고, 이유가 있다고 한들 나와 같은 이유는 절대 아니겠지."

그렇게 말하고 그는 어제보다 더 헐렁해 보이는 바지 주머니를 뒤적이더니 내게 하얀 알약을 내밀었다.

"아침 인사가 참 못마땅하네요. 이건 또 뭔가요?"

"늘 인스턴트 음식이나 패스트푸드로 끼니를 대충 때우지?

네 체형, 얼굴색, 피붓결만 봐도 대충 그려져. 그런데 그런 음식은 당과 지방이 아주 많고 단백질이 적어. 과자, 빵, 햄버거는 물론이고 튀김, 라면, 감자칩도 포함되지."

분하지만 그의 말에 반박할 수 없었다. 돈이 없기도 하거니와 간편하다 보니 주로 라면과 패스트푸드, 튀김이 잔뜩 들은 도시락으로 끼니를 때웠다.

"뭐, 요즘에는 대부분 그렇죠. 특히 제 또래들은 인스턴트 음식을 많이 먹지 않나요?"

"많은 사람이 먹는다고 해서 건강한 식습관이라고 할 순 없어. 그런 음식들은 보통 지방이 많고 식이섬유가 적어. 계속 그렇게 먹으면 수백조에 이르는 장내 세균의 균형이 한꺼번에 무너지고 말지. 장이 중요한 장기라는 사실, 알고 있지? 최근에는 장과 뇌가 미주신경으로 연결되어 있어서 장에서 뇌로 직접 정보를 보내고, 영향도 준다는 사실이 밝혀졌어. 특히 장내 세균이 거기에 크게 관여한다고 해."

"장내 세균이라니, 요구르트를 먹으면 늘어난다는 그거요?"

"그래. 장내 환경이 균형을 잃으면 자기 조절 능력이 떨어지게 돼. 즉, 장내 세균의 균형은 뇌에 직접적인 영향을 미친다는 얘기야. 실제로 인스턴트 음식을 많이 먹은 아이는 자기 조절 능력이 떨어져서 감정 조절이 어렵다고 해.

게다가 인스턴트 음식은 성공에도 영향을 미쳐. 자기 조절 능력이 떨어지면 출세하기 어렵고, 그만큼 연봉도 올리기 힘들어.

또 감정을 조절할 수 없으면 인간관계에 문제가 생기는 건 당연하고, 심지어 성공하기 힘들다는 연구 결과도 있어.

감정을 조절하는 능력은 단순히 인내심을 뜻하지 않아. 내 감정을 상대방에게 잘 전달할 수 있는 능력을 말하지. 내가 지금 어떤 기분인지 잘 설명하지 못하면, 상대방은 나를 이해할 수 없고 관계가 꼬이고 말거든."

"그렇지만 정말 음식을 만들어서 먹을 시간이 없어요. 특히 점심에는 여유롭게 식사하기도 힘들고요. 게다가 돈도 없어요."

"그렇게 먹으니 오후에 일할 의욕이 생길 리가 있나. 앞으로 점심에는 닭가슴살 샐러드처럼 가벼운 음식을 먹고, 밤에 맛있는 음식을 먹어봐. 낮에 소화하기 어렵거나 혈당을 급격하게 높이는 음식을 먹으면 오후에 반드시 졸리거든. 훗, 사실 공원도 낮잠 자려고 오는 거 아냐?"

내 귀에 그의 말은 전혀 들어오지 않았다. 그는 내 마음을 눈치챈 듯했지만, 높은 직급자 중에도 배가 불룩 나온 인스턴트 음식 중독자가 많다면서 화를 냈다. 심지어 그런 사람은 자기 조절 능력이 떨어져서 후배들을 이끌 수 없다며 목소리를 높였다.

"방금 네게 준 건 프로바이오틱스야. 장내 세균이 응축된 보충제인데, 식이섬유 보충제도 같이 먹으면 훨씬 좋아. 참, 아까 찾고 있던 게⋯⋯ 혹시 이건가?"

그가 내 앞에 무언가를 내밀었다.

"와, 내 정기권! 다행이다. 그 안에 회사 출입증도 있어서 잃어버리면 시말서를 써야 했거든요. 안 써도 되겠네요. 재발급받을 필요도 없고요. 휴, 정말 고맙습니다."

그 순간만큼은 내 눈앞의 남자가 행운의 신처럼 보여서 꽉 껴안고 싶었다. 그래서 활짝 웃으며 손을 내밀었는데, 갑자기 그가 정기권을 쥔 손을 등 뒤로 쏙 숨겼다.

"물론 줄 거야. 그런데 그 전에……"

그러더니 그는 휙 돌아서 반대 방향으로 걷기 시작했다.

20분만으로도 변화는 시작된다

난 무슨 영문인지도 모른 채 그의 뒤를 쫓았다. 그는 거의 따라잡았다 싶으면 잽싸게 속도를 높여서 또 저만치 앞서갔다.

"저기요, 지금 뭐 하는 거예요? 장난칠 시간 없어요. 곧 출근도 해야 하고, 무엇보다 이런 장난 재미없다고요."

내 말을 들은 건지 못 들은 건지, 의미를 알 수 없는 '나 잡아 봐라' 게임은 20분 정도 계속되었다. 출입증을 찾으면 바로 출근하려고 입고 나온 셔츠 안에는 땀이 송골송골 맺혔다.

20분 만에 체력이 바닥난 나는 맨발의 남자 쫓기를 포기하고 거친 숨을 몰아쉬었다. 그러자 그가 갑자기 뒤돌아서더니 말했다.

"20분 동안 운동하면 뇌유래 신경영양인자, 즉 BDNF[6]가 분비돼. 쉽게 말하자면 뇌에 영양을 공급하고 뇌를 성장시키는 물질이야. 이게 분비되면 뇌가 활성화되어 뉴런을 자극하고 뇌세포 증진에 도움을 줘.

　그러면 새로운 것을 배우는 능력이 좋아지고 스트레스에도 강해지지. 그 밖에도 인지 능력[7]이 좋아지고, 머리 회전이 빨라지고, 주의력과 집중력을 높이는 도파민[8]이 분비돼. 또 기분을 좋게 만드는 노르아드레날린[9], 항우울 효과가 있는 세로토닌[10]이 분비되지.

　정리하자면, 단 20분만 운동해도 뇌는 새로운 것을 쉽게 학습하며, 인지 능력과 주의력이 올라가고 집중력도 높아져. 우울한 감정이 줄어드는 건 물론, 기분도 좋아지고.”

　“아니, 고작 20분 운동했다고 무슨……. 애초에 이걸 ‘운동’이라고 할 수 있나요? 만약 정말 그 말이 맞다면, 저는 매일 영업하느라 걸으니까 맨날 기분이 좋아야 하잖아요. 하지만 기분 좋았던 적이 거의 없는데요. 그럴듯한 말 같지만 당신 얘기는 도저히 못 믿겠어요.”

　“하하하, 그래? 물론 제대로 된 운동을 꾸준히 해야 더 좋겠지. 하지만 이미 미국의 펜실베이니아주립대학에서 20분이라도 운동하는 것이 효과적이라는 사실을 입증했어. 연구팀은 참가자들을 4개 그룹으로 나눠서 한 달 동안의 운동 일수를 다르게 정해 줬지. A그룹은 운동을 매일 했어. B그룹은 운동을 매일 했지만, 테스트 당일에만 하지 않았고, C그룹은 테스트 당일에만 운동했고, D그룹은 운동을 전혀 하지 않았어.

4개의 그룹 중 어떤 그룹이 가장 운동 효과가 높았을까? 상식적으로 생각해보면 운동을 매일 하는 A그룹일 것 같지? 그런데 재미있게도 그날 기분이 좋고 집중도 잘된다고 가장 많이 대답한 쪽은 C그룹이었어. 평소 운동을 전혀 하지 않다가 테스트 당일에만 운동한 그룹이었지. 그다음에 A, B, D의 순서였어.

뭐, 세상을 비뚤게 보는 넌 고작 20분 운동했다고 그 정도로 효과가 있냐며 의심할지 모르지만, 오늘은 조금 다를 거야. 평소보다 조금 더 의욕이 넘치거나 항상 재미없다고 생각했던 일에서 보람을 느낄 수도 있고, 다른 사람의 말 한마디가 기쁘게 느껴질지도 모르지. 어쩌면 오늘만큼은 불안한 기분이 안 들 수도 있고. 만에 하나 변화가 느껴진다면 다음에 만났을 때 알려줘. 그럼, 오늘 하루를 잘 보내봐.”

그의 긴 설명을 듣는 동안, 땀은 비 오듯 흘러 땅바닥으로 뚝뚝 떨어졌다.

‘뭐가 도파민이고, 뭐가 노르 어쩌고야. 그런 거 하등 필요 없단 말이다! 내 미래가 걱정이라고.’

“이제 슬슬 출근해야 할 시간이지?”

그의 물음에 바지 뒷주머니에서 스마트폰을 꺼내 시간을 확인했다. 아직 7시 50분이었다. 매일 아슬아슬하게 출근했지만, 오늘은 꽤 여유로운 편이다. 어쩌면 편의점에 들러 빵을 살 수 있을지도 모르겠다. 운이 좋다면 소고기덮밥을 먹고 출근할 수도 있을 듯하다.

그렇게 사소한 생각을 하면서 구깃구깃해진 셔츠의 매무새를 가다듬고 고개를 드니, 그는 이미 저만큼 멀어져 있었다.

'저 사람은 지금 어딜 가는 거지? 일은 안 하나? 역시 백수인 게 틀림없어. 머리는 좋은데 취직을 못 한 일류 대학 졸업생일지도 몰라. 부모 등골 휘게 하면서 집에서 뒹굴뒹굴하는 부류일 수도 있고. 그럼 내가 더 낫잖아. 직장도 다니고, 비록 대출을 받았지만 내 집도 있으니까!'

나는 묘한 우월감을 느끼며 회사로 향했다.

인스턴트 음식은 장내 환경의 균형을 무너뜨린다.
인스턴트 음식은 감정 조절 능력을 떨어뜨리고 성공을 방해한다.
20분만 운동해도 집중력이 높아지고 기분이 좋아진다.

예상치 못한
만남

"안녕하세요! 스즈키 씨, 무슨 좋은 일 있어요? 오늘 왠지 안색이 좋아 보이는데?"

이미 출근해 자리에 앉아 있던 사쿠라이 미치코의 첫마디는 정말이지 의외였다. '의외'라고 표현했지만 사실 기쁘다기보다 불쾌한 감정에 더 가까웠다.

"글쎄요? 제 얼굴이 평소랑 달라요?"

그래서 조금 무뚝뚝한 말투로 답했다.

"네, 스즈키 씨가 평소엔 좀 어둡다고 해야 하나, 아니다. 거무칙칙? 아, 죄송해요. 아무튼 혈색이 안 좋았거든요."

그 대답을 들은 난 큰 충격에 빠졌다. 평소 피부에 신경을 쓴 편은 아니지만, 내 혈색이 안 좋다고 생각해본 적은 없었는데.

"오늘은 평소와 혈색이 달라요?"

"네, 확실히 달라요."

"흠, 그럼 안색이 좋다는 말은 칭찬으로 받아들여도 되는 거죠?"

"물론이죠. 안색이 좋으면 왠지 의욕 있는 사람처럼 보이잖아요! 무슨 일 있었어요?"

"아뇨, 딱히. 아, 있었다고 해야 하나. 운동을 조금……"

나는 차마 말을 끝맺지 못했다.

"운동이요? 대단해요. 아침에, 그것도 출근 전에 운동이라니. 자기 관리 잘하는 멋진 직장인 같아요!"

"오늘만 하긴 했는데, 그것도 우연히요. 상대측 과실로 일어난 사고라고나 할까요. 내일부터는 안 할 것 같긴 한데……"

사쿠라이는 의아한 표정으로 바라보더니 "내일도 하면 좋을 텐데"라고 작게 말하고는 이내 서류로 시선을 떨어뜨렸다.

오전에 일하는 중에도 사쿠라이와 나눈 대화가 머릿속에서 빙글빙글 맴돌았다.

빙글빙글. 빙글빙글. 빙글빙글.

"어이, 스즈키. 보고서는 어떻게 됐어? 빨리 줘."

나는 그 대화를 곱씹느라 부장님의 질문도 듣지 못했고, 결국 한소리를 들은 뒤에야 일에 집중할 수 있었다.

공원에서 이상한 술래잡기를 하고 벌써 며칠이 지났다. 요즘엔 매일 바빠서 정신이 없다.

그런데도 점심시간만 되면 그 남자의 말이 떠올라서 나도 모르게 식생활에 신경을 쓰는 중이다. 원래 망설임 없이 매일 컵라면을 먹어도 괜찮았는데, 지금은 샐러드와 닭가슴살로 건강하게 먹고 있다. 그나마 다행인 점은 닭가슴살 맛이 다양해 아직 먹을 만하다는 것이다. 왠지 그 녀석에게 세뇌당한 것 같다.

여전히 고객과의 약속이 없을 때가 더 많아서 사실 영업사원으로서는 형편없고, 미래가 불안해 우울한 일상도 변함없지만 그런데도 왠지 기운이 났다.

아, 참고로 이직 준비는 깔끔하게 접었다.

그 녀석이 알려준 이상한 테스트 때문인지는 모르겠지만, 현실 도피를 위해 이직을 준비했다는 사실을 깨달았다. 이 회사에 다니고 싶지만, 이곳에서 성공하기 힘들어 보이니 회피하려 했던 것이다.

지금은 이 회사에서 내가 할 수 있는 일이 없을지 고민해보는 중이다. 아주 조금이지만, 처음으로 긍정적인 마음이 든 것 같다. 이 역시 그 녀석 덕분이라고 아직 말할 수는 없지만.

그래도 기분 좋은 변화의 움직임이 느껴진다.

그저께는 회사에서 실적 좋은 영업팀의 선배가 다음 영업 활동 때 같이 가자고 제안해주었다.

며칠 전 점심시간에 "저는 신입사원이 아니라서 신경 써주는 사람도 없고, 게다가 상사에게 신뢰도 못 받고, 그냥 능력 없는 사원으로 취급받는 것 같아요"라고 선배에게 털어놓았더니 그럼 다음에 자기와 같이 가보자고 말해준 것이다.

최근 2년 동안 처음 생긴 기회라 기쁜 마음에 "저는 뭘 준비하면 될까요?"라고 물었더니, 선배는 "오, 의욕이 넘치는군. 그냥 멍하니 따라오기만 하면 바로 돌아가라고 하려고 했는데"라며 크게 웃었다.

그래서 자사 상품의 기본 정보를 다시 읽고, 필요한 정보는 필사적으로 외웠다. 혼자서 영업 활동을 할 때는 "어, 그러니까 신상품 발매일은…… 다음에 메일로 알려드리겠습니다"라고 말할 수 있지만, 선배가 "발매일이 언제지?"라고 물었을 때 메일로 답하겠다고 할 수는 없지 않은가. 그래서 평소엔 등한시했던 공부를 타사의 제품과 비교까지 하면서 다시 했다.

그러다 보니 나도 모르게 반성하게 되었다. 내가 이렇게까지 모르는 게 많았다니. 죄송하다는 말로 가볍게 넘어갈 수 없는 것들도 꽤 있었다. 물론 몰라도 얼마든지 얼버무릴 수는 있겠지만. 아무튼, 그래서 최근 며칠은 영업 준비를 철저히 하고 있다. 회사에 머무는 시간이 늘어나서 부장님께서 이상하게 여길 정도다. 원래라면 오후에 공원에서 몰래 시간을 보내고 했으니 말이다.

얼마 전 출시된 상품에 대해 공부하고 있는데 부장님이 톡 하고 내 어깨를 두드렸다.

"요즘 통 외근도 안 나가고 상품 공부를 아주 열심히 하는군. 무슨 일 있었나?"

"아뇨, 그런 건 아니고 1팀 선배님이 영업 가실 때 따라가서 배우기로 했거든요. 선배에게 피해를 끼치지 않으려고요."

"그렇군. 그 녀석한테는 배울 점이 많을 거야. 참, 그런데 오늘 밤에 부탁 좀 들어줄 수 있나? 금요일 밤이라 데이트 약속이라도 있으면 미안하네만."

"데이트라뇨, 약속 없습니다!"

그렇게 나는 오후 4시 30분에 올라오는 기획부의 서류를 오늘 밤에 야마구치 부장님이 계실 음식점으로 전달하기로 했다. 중요한 고객에게 전달해야 하는 서류였다.

서류 전달만 하는 거라 딱히 긴장할 필요는 없었지만, 가게의 위용 때문인지 긴장되었다. 사실 그곳은 기업 임원이나 정치가들이 자주 찾는다고 잡지에 소개된 적 있는 고급 요리 주점이었다.

도대체 정체가 뭐야?

퇴근 후, 서류를 들고 가게에 도착하니 6시 50분이었다. 고객과 부장님의 약속 시간은 7시. 이제 부장님께 서류만 드리면 끝이다. 가게 앞에 멍하니 서서 부장님을 기다리는데, 가게 직원이 나를 수상쩍게 쳐다보았다. 그 시선이 불편해 먼저 말을 꺼냈다.

"안녕하세요. 야마구치 부장님께 전해드릴 서류가 있어서 기다리는 중입니다. 서류만 드리고 바로 갈 거예요."

"아, 그러시군요. 야마구치 부장님과 미카사 님께는 늘 신세 지고 있습니다. 안으로 들어와서 기다리세요."

그는 깍듯하게 인사한 뒤 나를 가게 안으로 안내했다. 나는 차를 내오겠다는 그의 말을 정중히 거절하고 의자에 앉았다.

'잠시 들렀을 뿐인데 차를 주겠다니, 고급 음식점은 정말 다르구나. 내가 이런 곳에서 고객과 미팅할 일은 아마 평생 없겠지? 뭐, 그렇다고 해서 딱히 손해 보는 것도 아니지만.'

가게 안을 둘러보며 이런저런 생각을 하던 그때 부장님이 들어왔다. 나는 얼른 자리에서 일어나 부장님께 인사를 하고 서류를 전달했다. 홀가분한 마음으로 가게를 나서는데 덩치 좋은 남자가 환하게 웃으며 가게로 들어왔다.

"오, 야마구치 씨. 오래 기다렸나요?"

'이 분이 미카사 님인가?' 싶어 가볍게 묵례하고 다시 고개를 든 순간, 뒤따라 들어오는 젊은 남성을 보고 순식간에 몸이 굳었다. 허름한 차림도 아니고, 덥수룩한 머리도 깔끔하게 뒤로 빗어 넘기긴 했지만, 그 남자는 틀림없이 '자유로운 영혼'이었다!

그는 나를 보지 못했는지 내 옆을 지나 그대로 가게 안으로 들어갔다.

"차에서 내렸을 때 우연히 지인을 만나서요. 야마구치 씨에게 소개하고 싶어서 같이 오자고 했습니다."

우뚝 멈춰 선 내 등 뒤로 대화 소리가 들렸다.

'거짓말. 에이, 설마 그 녀석이 부장님의 고객과 이런 고급 음식점에 있다고? 지인이라니 무슨 소리야. 우리 부장님에게 소개하고 싶다는 게 무슨 소리냐고. 아니야. 내가 잘못 본 걸 거야. 그

녀석일 리 없어.'

믿을 수 없는 상황에 다시 확인하려고 천천히 뒤로 돌았다. 그러자 가게 입구에서 부장님과 고객, 그리고 한 남자가 서서 이야기를 나누는 모습이 보였다. 야마구치 부장님이 가볍게 머리를 숙이자 맞은편의 두 사람도 웃으며 인사했다.

그때 웃으며 인사를 나누던 젊은 남자가 얼굴을 돌렸다. 그는 내 쪽을 보더니 잠시 입을 다물었다가 이내 한쪽 입꼬리만 올려 히죽 웃었다.

단순히 가게 밖을 본 게 아니다. 가게 밖의 나를 보고 웃었다. 확실하다. 나를 보고 웃은 거야.

그 녀석이 틀림없어!

작은 행동으로도 기분 좋은 변화의 움직임이 느껴진다.

동기부여 개선 활동

네덜란드의 마스트리흐트대학교 연구팀이 개발한 '동기부여 개선 도구'를 사용해 이루고 싶은 목표에 동기부여를 해보세요.

행동 선택

1. 무엇을 바꾸고 싶은가?

이루고 싶지만 좀처럼 동기부여가 되지 않는 것을 하나 적으세요.

> 쇼타의 예: 월급을 올리고 싶다

2. 방해하는 행동은 무엇인가?

1번에서 적은 목표를 이루지 못하게 방해하는 행동을 하나 적으세요.

> 쇼타의 예: 이직 준비

행동 분석

1. 방해 행동 분석하기

앞에서 적은 방해 행동의 장단점을 각각의 칸에 적으세요.

	장점	단점
단기적		
장기적		

되돌아보기

이 과정을 되돌아보면서 다음을 적으세요.

1. 가장 마음에 남은 것은 무엇인가?

2. 나에 대해 새롭게 알게 된 점은 무엇인가?

3. 방금 적은 두 개의 답안을 앞으로 어떤 식으로 삶에 활용할 것인가?

예상치 못한 곳에서 '자유로운 영혼'과 마주치고,
그의 정체를 직접 확인하고 싶어진 쇼타.
하지만 정체 확인은커녕 친구에게 질투를 느끼고
자신감을 잃은 마음을 토로하게 되는데…….

있는 그대로의 나를 받아들이는 현명함에 관하여

2장

인정

내가 싫은 나를
마주하다

다른 사람의
그림자

찜찜함이 사라지지 않는다.

'뭐야, 뭐야, 뭐야, 뭐야! 어제 내가 본 건 뭐였냐고!'

너무 놀라 도리어 화가 났다. 어제 상황에 대해 꼭 본인에게 확인해야 한다. 그를 만나러 당장 공원에 가야겠다. 비록 오늘은 토요일이지만 녀석은 요일 따위 전혀 상관없이 공원에서 죽치고 있을 게 뻔하다.

그러나 이게 웬걸. 일어나자마자 부리나케 공원에 갔지만 그는 보이지 않았다.

점심을 먹고 다시 공원을 찾았다. 하지만 여전히 그는 공원에 없었다. 벤치에 앉아 30분 정도 어제 일을 곱씹고 있으니 건너편에서 맨발로 걸어오는 그가 눈에 들어왔다.

"저기요! 당신, 대체 뭐 하는 사람이에요? 정체가 뭐냐고요. 어젯밤에 거기 있었죠? 그 비싸 보이는 가게에 있었잖아요! 게다가 같이 있던 분은……."

그는 흥분해서 말을 쏟아내는 내 입에 검지를 쓱 갖다 대더니 나의 말을 막았다. 그러고는 그대로 나를 지나쳐 걷다가 멈추고, 저만치 갔다가 되돌아오기를 반복했다. 아무래도 전에 말한 명상을 하는 듯했다.

그동안 나는 스마트폰도 봤다가 풍경도 구경했다가 기지개도 켰다가 다시 스마트폰을 보고 종종 멍하니 있기도 하면서 녀석이 명상을 끝내길 기다렸다.

시간이 얼마나 흘렀을까. 한참을 기다리고 나서야 드디어 그가 말을 꺼냈다.

"다음에 다시 만나면 20분 운동의 효과가 어떤지 알려 달라고 했는데, 생각보다 빨리 만났네. 그래서 어땠지? 운동하고 출근한 하루는."

"아니, 그게 아니라 어제 당신과 같이 있던……."

녀석은 검지를 입술에 대고 쉿 하는 동작을 취했다. 녀석은 질문 공세를 퍼붓고 싶은 나를 앞에 두고 다른 때와 달리 느린 말투로 단어 하나하나를 잘라 말했다.

"얼마 전 아침에 이 공원을 나선 뒤로 무슨 변화가 있었지?"

"딱히 별일 없었는데, 늘 똑같다고……."

'요'라고 말을 마치려는데 갑자기 사쿠라이 미치코의 카랑카랑한 목소리가 떠올랐다.

"아, 그러고 보니 안색이 좋아졌다는 말을 들었어요."

내 말에 어깨 스트레칭을 하던 녀석이 나를 돌아봤다.

"그렇군. 잘됐네. 안색이 좋아야 사람들이 건강하다고 인식하거든. 스웨덴 스톡홀름대학의 임상 신경 과학자 존 악셀슨 연구팀에 의하면, 인간은 아픈 사람에게 나타나는 미묘한 시각적 변화를 알아챌 수 있다고 해. 가령 안색이 안 좋으면, 즉 안색이 창백하거나 입술에 붉은 기가 없으면 아무리 건강해도 아픈 사람이라고 판단해버리는 거야. 또 인간은 무의식적으로 병이나 피로의 징후를 보이는 사람을 피하려는 경향을 보여. 그러니 자칫 아픈 사람으로 오해를 받으면 사람들이 피할 가능성도 있지.

참고로 건강한 남자는 여자들에게 인기가 많다는 연구 결과도 있어. 영국 브리스틀대학의 실험 심리학자인 이언 펜튼 볼크는 너무 하얀 피부는 면역력이 약하다는 오해를 사기 쉬워 매력적으로 보이지 않는다고 말했어. 다시 말해, 더 건강해 보이는 사람에게 끌린다는 소리야."

"지금 제 안색 같은 건 아무래도 좋아요. 그날 우연히 당신을 쫓느라 딱 하루 달렸을 뿐이니까요. 물론 조금 좋은 일도 있었지만. 사실 제 일상은 자기혐오와 좌절감으로 가득하단 말이에요. 그저께도……."

자유로운 영혼에게 말하다 보니 마음속에 꾹꾹 눌러두었던 일이 떠올랐다. 불과 이틀 전의 일이다. 최근의 일이라 기억이 생생하지만 애써 잊어보려 노력하는 중이었다.

그저께 나는 오랜만에 고객과 미팅을 마치고 돌아가는 길에 우연히 고등학교 때 같은 학원에 다니던 친구 나카타와 마주쳤다. 나카타는 거의 10년 만에 만났는데도 마치 어제도 만난 듯 "오늘 돈이 들어왔으니까 한잔하러 가자"라며 친근하게 굴었다. 솔직히 별로 내키지는 않았지만, 그 녀석의 등쌀에 못 이겨 어쩔 수 없이 술을 마시러 갔다.

"뭐라고 해야 할까요. 나카타는 '일이 보람 있다', '이번에 승진했다', 그러더니 마쓰이…… 아, 같은 학원에 다녔던 친구인데, 마쓰이는 결혼했다고 하더라고요. 그런 이야기를 계속 듣다 보니 속이 쓰리는 기분이었어요."

"남이 잘되는 걸 보니 배가 아팠다는 말인가?"

"그렇게 말하니까 내가 완전 못된 사람 같아서 기분이 별로네요."

"하지만 실제로는 질투하는 거지? 아니야?"

"질투한다고요……? 세상 사람들은 다른 사람의 성공에 진심으로 기뻐해주나요? 겉으로는 축하해주지만 속으로는 저처럼 생각하지 않나요? 사실 저는 자주 자기혐오에 빠지는 편이에요. 그저께도 나카타의 이야기를 듣다가 자기혐오에 빠질 것 같았죠. 그래서 차라리 빨리 취하려고 술을 진탕 마셨어요. 결국 어제 아침에 숙취 때문에 지옥을 경험했지요."

"인간은 남과 자기를 비교하고 싶어 하는 동물이지. 너만 그런 건 아니야. 행복의 크기, 부유한 정도, 심지어 SNS의 '좋아요'

숫자까지 다른 사람과 비교해."

"그렇죠? 당연한 거죠?"

"바꿔 말하면 다른 대상과 자신을 비교하는 존재가 '인간'일지도 몰라. 단지……."

"단지?"

"남과 비교하는 행위는 안 좋을 수밖에 없어. 삶의 만족도가 떨어지고 인생이 허무하게 느껴지고 우울해질 뿐이지."

"저도 알아요. 비교해봤자 좋은 건 없겠죠. 하지만 저도 모르게 생기는 감정을 막을 수 없잖아요."

"하하하, 그렇지. 그게 인간이니까."

"후, 그럼 저는 앞으로도 바뀔 수 없겠네요. 인간이라면 피할 수 없다는 뜻이니까요. 맞죠?"

"이토록 화내는 걸 보니, 너는 유독 걱정이 지나친 성격이구나."

"갑자기 그게 무슨 소리예요? 남과 비교하는 게 걱정 때문이라는 뜻인가요?"

"이번엔 내가 질문할게. 너는 왜 나카타라는 사람과 너를 비교하고 있지? 굳이 비교하고서 왜 좌절하는 거야?"

"물론 걔가 잘나가는 건 대단하다고 생각해요. 하지만 '왜 이 녀석이 나보다 더 멋진 인생을 사는 거지? 이 녀석은 되는데 왜 난 안 되지? 앞으로도 난 구질구질하게 살아야 하면 어쩌지?'라는 생각이 든다고요."

"스스로 인정하네. 지금 한 말을 더 깊이 들어가면 '나카타는 멋지고 대단한 인생을 살지만 나는 아니다. 앞으로도 나카타는 할 수 있지만, 나는 할 수 없을 거다'라고 걱정하는 거잖아?"

"좀 전에 그런 감정이 생기는 건 당연하다고 했잖아요."

"그랬지. 다만, 왜 그 감정 아래에 걱정이나 불안이 있는지를 이야기하려는 거야."

"잘 모르겠어요. 그동안 제가 이런 감정을 느끼는 이유가 걱정 때문이라고 생각해본 적도 없으니까요. 그런데 질투가 나쁜가요? 질투는 동기부여도 되고, 종종 질투 덕분에 성장할 수 있다고 말하기도 하잖아요."

"질투를 동기부여로 연결시키는 건 더 근본적인 부분을 확인하고 나서야. 아직은 일러."

"네? 무슨 소리예요, 이르다니."

"너무 조급해하지 마. 일단은 질투와 동기부여를 따로 생각하자고."

마음속 걱정이라는 폭주족

내 질문에는 명쾌하게 답하지 않으면서 자기 할 말만 하는 그를 보니 화가 났다. 손에 들고 있던 스마트폰을 던지고 싶을 만큼. 아, 물론 던지지는 않았다.

"일단 잔말 말고 들어봐. 걱정과 불안의 진짜 원인은 어디에 있느냐! 네 친구만 멋진 인생을 살 수 있어서 그런 게 아니야."

"당연하죠. 나카타는 멋진 삶을 살 수 있고 저는 불가능할 리가 없잖아요!"

"맞아. 그렇다면 네가 걱정하는 일은 실제로 안 일어날지도 모르잖아? 하지만 그 불안과 걱정 때문에 과음을 했다는 건, 네가 걱정하는 일이 모두 실제로 일어날까 봐 불안해한다고 볼 수 있어. 다시 말해, 넌 네 걱정이 실제로 얼마나 현실이 되는지 그 확률을 제대로 이해하지 못한 채 단순히 본인의 착각 때문에 괴로워하고 있단 뜻이야."

"확률? 무슨 소리를 하는 건지 잘……?"

"일단은 잔말 말고 들으라고 했잖아. 그새 까먹었나? 불안과 걱정이 오히려 인생에 도움을 준다고 생각하는 사람도 있어. 주로 걱정을 많이 하는 사람이 이렇게 말하지. 물론 불안과 걱정을 나쁘게만 보려는 건 아니야. 다만 조금 전에도 이야기했듯이, 지나친 걱정은 단점밖에 없어."

"지나친 걱정은 단점뿐이라……. 그러면 걱정해선 안 된다는 뜻인가요?"

"깊이 생각하지 않고 바로 결론을 내는 습관은 좋지 않아. 나는 안 된다고 하지 않았어. 지나친 걱정은 단점밖에 없다고 말했지. 심지어 지나친 걱정은 쓸모도 없어.

걱정한 일이 실제로 얼마나 일어나는지 조사한 연구가 있어.

어떤 결과가 나왔을까? 우리가 걱정한 일의 85%는 실제로 일어나지도 않았어. 게다가 '해결할 수 없는 수준'으로 일어나는 경우는 거의 없었지. 즉, 걱정하던 일은 실제로 거의 일어나지 않고, 행여 일어난다고 해도 해결할 수 있다는 뜻이야.

로버트 L. 리히의《걱정 활용법》(푸른숲, 2007)이라는 책에 걱정했던 상황이 실제로 얼마나 일어났는지를 기록하는 실험이 나와.

실험 대상자의 38%는 매일 고민하던 걱정이 있었지. 그러나 걱정하던 일은 85%의 확률로 일어나지 않았고, 심지어 좋은 결과를 얻은 일도 있었어. 예를 들어, 말을 걸어도 아무도 상대해주지 않을 거라고 걱정하던 사람이 실제로 다른 사람에게 말을 걸었더니 친구가 생겼다는 거야."

"그러면 대체 왜 인간은 걱정하는 거죠? 걱정하던 일이 실제로 거의 일어나지 않는다면 애초에 뇌에 '걱정' 기능이 없어도 되지 않나요?"

"인간의 본능이랄까? 인간은 원래 부정적으로 생각하도록 만들어졌어. 따라서 어떤 상황에 대해 부정적이고, 비관적으로 생각하기 쉬워. 하지만 재미있는 점은 어쩌다 걱정하던 일이 실제로 일어난다고 해도 79%의 사람이 자신의 힘으로 해결할 수 있다는 사실이야."

"하지만 해결할 수 없는 사람도 있잖아요. 어떤 일에 대해 걱정하느라 신경정신과 약을 먹는다거나 목숨을 끊는 사람도 있어요. 그건 어떻게 설명할 수 있나요?"

"사실 세상에는 스스로 해결할 수 있는데도 지나치게 걱정하는 사람이 많아. 이에 관한 흥미로운 연구 결과가 있어.

2016년에 영국의 서식스대학에서 걱정이 지나친 사람에게 무슨 일이 일어나는지를 연구했어. 그랬더니 지나치게 걱정하는 성격 때문에 걱정이 멋대로 폭주한다는 사실을 알게 됐지. 마치 마음속에 걱정이라는 폭주족이 산달까. 그중에는 걱정하던 일이 실제로 일어나는 것보다, 걱정하고 있을 때가 더 괴롭다고 호소하는 사람도 있었어."

"걱정 폭주족! 그 표현은 좀 재밌네요. 걱정이 무리를 지어 막 미친 듯이 뛰어다닐 것 같아요. 그렇게 생각하니까 좀 바보 같기도 하네요. 게다가 걱정하던 일이 실제로 일어나는 것보다도 걱정하고 있을 때가 더 괴롭다니."

"누구에게나 비밀은 있어. '이게 알려지면 인생 끝이다'라고 생각해서 죽을 때까지 숨기려고 필사적으로 노력하는 사람도 있겠지. 하지만 실제로 비밀을 들키더라도 인생이 끝나기는커녕 오히려 편해지기도 해. 범죄를 저지른 게 아닌 이상 말이야.

그런데 걱정이 폭주하면 조절할 수 없다는 게 문제야. 걱정을 조절할 수 있게 되면 집중력이 높아지고 냉정하게 상황을 분석할 수 있는데. 나도 원래 걱정이 많은 편이었거든. 그런데 길들였더니 괜찮아졌어. 현명하게 살려면 걱정을 조절할 수 있어야 해."

"조절하기 어려우니까 폭주하는 거잖아요. 똑똑한 사람들은 뭐든 항상 조절하라고 말하죠. 하지만 세상에 자제력이 뛰어난 사람들만 있다면 비만이니 무슨 중독이니 하는 것들은 생기지도 않았을걸요."

"후, 또 삐딱선을 타려고 하는군. 네가 더 비뚤어지기 전에 💡Work 2 지나친 걱정이 폭주하는 원인(90쪽)을 가르쳐주지."

그는 그렇게 말하고는 철퍼덕 앉아 손가락으로 땅바닥에 '1'이라고 썼다.

"서식스대학에서 찾은 걱정이 폭주하는 이유 5가지. 먼저 첫 번째, 불확실성(모호함)[11]을 견디는 힘이 없다. 과도하게 걱정하는 사람은 불확실한 것을 '위협' 또는 '위험'으로 해석하는 경향이 있어.

예를 들어, 모르는 사람과의 만남을 무서워한다고 해보자. 상대방이 위험한 사람이나, 사기꾼일지도 모른다며 걱정하는 거지. 이때 '모르는 대상=위험하다'라는 공식이 적용되는 거야.

물론 적절한 수준의 걱정은 괜찮아. 때론 자신의 목숨을 지키기도 하겠지. 창업할 때 불안이 적절한 수준이라면 사업 계획서 작성, 자금 조달 계획 세우기, 시스템 구축, 위기관리 등에 힘을 쏟아서 철저하게 준비할 수 있어. 하지만 지나치게 걱정하면 결국 앞으로 나아가지 못하고, 평생 똑같은 인생을 살게 돼. 익숙한 일상에 안심할 수도 있지만, 변화가 없다는 말은 곧 희망 찬 미래도 없다는 뜻이야. 그래서 어느 정도는 불확실함을 즐길 수 있어야 하지."

"적절한 걱정은 나를 지켜주지만, 지나치면 역효과라는 건가요? 뭐, 당연한 말이네요."

"훗, 아는 척하기는. 그럼 두 번째, '주의 편향[12]' 상태이다.

주의 편향은 특정한 부분을 계속 생각하느라 다른 부분은 생각하지 못하는 상태를 뜻해. 예를 들어, 무언가를 실패한 뒤부터 그 일이 계속 생각날 때가 있지? 실패에 주의가 편향되어서 그래. 무언가에 주의를 기울여 계속 생각하면 그 부분에 치우쳐 생각하게 되거든. 그래서 특정 부분이 크게 느껴지는 거야. 물론, 긍정적인 일에 주의가 편향된다면 다행이지만."

"아, 그런 적 자주 있어요. '또 실패하지 않을까?'라면서 말이죠. 그걸 주의 편향이라고 하는군요."

"그다음으로 세 번째, 걱정은 좋다고 생각한다. 이런 사람들은 걱정하고 싶지 않다거나 신경 쓰기 싫다고 하면서도 걱정을 멈추지 않아. 오히려 문제를 방지하거나 무슨 일이 일어났을 때 대처하기 위해 걱정이 꼭 필요하다고 생각하지. 그런데 이런 유형은 구체적인 행동을 하지 않고 오로지 걱정만 하는 경향이 있어. 정말 의미 없는 데 에너지를 쏟는 셈이지!"

"무슨 말인지 어렴풋이 알 것 같아요. 나카타가 신경 쓰이고, '나는 왜 이렇게 살고 있을까' 하는 걱정과 불안도 분명히 있어요. 그렇다고 해서 뭔가 행동을 하고 있느냐 하면 또 그렇지는 않은…… 아니, 뭘 하면 좋을지조차 몰라요. 걱정 '밖에' 안 한다기보다 무엇을 할 수 있는지, 어떻게 해야 좋을지 모르는 거예요."

"그렇군. 그럼, 걱정에 사로잡히면 그 걱정을 구체적으로 행동하기 위한 동기부여로 삼아봐."

"동기부여요?"

"그래. 걱정에 잠겨 있기에는 시간이 아까워. 시간은 금이잖아. 차라리 그 시간에 구체적인 대책을 세우고 움직이는 거야. 당장 바뀌기는 힘들 테니까 훈련이 필요하겠지? '걱정되면 일단 행동한다. 그리고 더 적극적인 행동을 찾는다.' 이 과정을 반복해봐. 생각에서 나오는 게 뭔 줄 알아? '생각'뿐이야. 아무리 생각한들 행동이 나오지 않아. 행동을 낳는 것은 오직 행동뿐이야."

"후, 알 듯 말 듯하네요……."

"네 번째, 완벽주의적으로 접근한다. 완벽주의 성향인 사람이 의외로 많아. 그런 사람들은 모든 조건이 갖춰져 있지 않으면 무언가를 시작할 수 없다고 생각해.

물론 완벽을 추구하는 성향이 나쁘진 않아. 그러나 모든 문제에 완벽하게 대처하겠다고 마음먹으면 곤란해. '조건이 갖춰져 있지 않으면 할 수 없다', '모든 문제를 완벽히 대처할 수 없다면 하지 않겠다'라면서 전혀 행동하지 않거든.

완벽주의자들이 걱정하는 이유는 '실패하고 싶지 않아서'야. 성공하고 싶은 마음에 걱정하는데, 그 걱정이 정작 중요한 행동을 방해하고 말지."

"딱 제 얘기네요. 제가 완벽주의자였던 거군요. 의외인데요. 계속 대충 살고 있다고 생각했는데."

"걱정이 많은 사람에게는 문제가 일어난 뒤에 대처하면 된다는 마음의 여유가 없어. 그래서 실패하지 않도록 모든 조건을 완벽하게 준비하려고 하지. 하지만 완벽한 준비는 어차피 불가능해. 너는 대충 사는 게 아니라 불가능한 목표를 세워서 앞으로 나아갈 수 없는 거야."

"그럼 어떻게 해야 하나요?"

"크리티컬 싱킹(critical thinking)¹³ 능력을 단련해야지."

"그게 뭔데요?"

"'크리티컬'은 '비판적'이라는 뜻이야. 헷갈리면 안 돼. 무언가를 비난할 만한 흠을 찾는다는 뜻이 아니야. 어떤 대상에 대해 감정이나 주관에 사로잡히지 않고 논리적, 구조적으로 사고하는 방식을 말해. 즉, 정말로 괜찮을지, 모든 부분을 객관적으로 파악해서 보다 올바른 방향을 찾아가는 사고법이야.

이 사고방식을 익히면 '준비는 이 정도로 하고 최악의 상황이 발생하면 이렇게 대처하자'라는 식으로, 무의식적으로 하던 행동과 생각을 의식할 수 있고, 객관적으로 되돌아볼 수 있어."

"아니, 그런 걸 어떻게 해요!"

"지금 당장은 힘들겠지. 하지만 일단 연습이라도 해봐. 독서가 효과적이야. 어떤 책이라도 좋으니 처음에는 정보를 얻기 위해 그냥 읽어. 두 번째, 세 번째 읽을 때는 있는 그대로 받아들이지 않는 비판적 사고, 즉 크리티컬 싱킹을 키운다고 생각하면서 읽어봐. 모든 부분을 의심하면 아무것도 할 수 없지만, 적절히 지적하면서 읽는 것도 중요해."

"맙소사. 책을 세 번이나 읽으라고요? 그게 어쩌고 싱킹 능력을 키우는 것보다 더 어렵겠는데요……"

"자, 불만은 그만. 걱정이 폭주하는 마지막 이유야. 다섯 번째, 부정적인 모드로 살아간다. 걱정이 많은 사람은 그렇지 않은 사람보다 부정적인 기분을 경험하는 비율이 높아. 부정적인 기분 자체는 나쁘지 않아. 오히려 어떤 의미에서는 중요. 사고력이 향상되고, 상황을 자세하게 분석하는 힘, 거짓말을 알아차리는 힘이 좋아지거든.

하지만 '걱정 폭주족'이 부정적인 모드에 빠지면 곤란해. 매사에 부정적으로 생각하면서 지나치게 분석하느라 행동하지 못하거든. 그러면 시간이 아무리 흘러도 문제는 해결되지 않아. 여러 생각을 하지만, 문제를 해결할 결정적인 행동은 하지 않거든. 비교, 분석을 너무 많이 해서 결과적으로 그 어떤 행동도 하지 않게 되는 것이지.

내가 이런 사람들을 싫어하는 이유가 뭔지 알아? 부정적인 기분이 문제를 해결해주고, 도움을 준다고 생각해서야."

"싫어하다니……. 하하."

"그럴듯한 변명을 하면서 아무 행동도 하지 않고 그걸 정당화하는 녀석이 난 제일 싫어. 만약 네가 매번 생각만 하고 행동할 수 없다면 걱정이 지나친 편은 아닌지 생각해봐."

그가 말을 끝내고 몇 초 뒤에 5시를 알리는 소리가 울렸다. 그러자 그는 갑자기 어딘가로 성큼성큼 걷기 시작했다.

"어디 가요?"

그는 어리둥절해하는 나를 한 번 뒤돌아보더니 "잘 있어"라고 말하곤 순식간에 공원 밖으로 사라졌다.

다른 사람과 나를 비교하는 이유는 걱정 때문이다.

기억하라. 걱정하는 일은 대부분 일어나지 않는다.

있는 그대로의
나를 마주하다

그렇게 그와 마지막으로 만난 지 2주가 지났다. 지난 주말과 며칠 전 퇴근하고 나서 공원에 갔지만 그를 볼 수 없었다. 매번 잘난 척하는 모습이 거슬렸는데, 막상 그를 못 보니 왠지 허전한 기분이 들었다. 이직 준비를 그만둔 뒤로 내 일상에도 변화가 조금 생겨서 그와 이야기를 나누고 싶은데…….

헛헛한 마음에 오늘도 저녁 일찍 공원을 찾았다. 그런데 저 멀리 반가운 얼굴이 보였다.

"오랜만이네요! 그동안 왜 공원에 안 왔어요? 하고 싶은 말이 많았는데. 지난번에 말한 나카타라는 친구 기억하죠? 고등학생 때 같은 학원을 다녔던 아이. 얼마 전 그 친구한테 동창회 연락이 와서 다녀왔거든요."

"잘 지냈지? 동창회라……. 오랜만에 듣는 단어네. 그곳에서 재미있는 일이라도 있었나?"

학창 시절 친구들과 만나는 기회. 누군가의 결혼식이라면 주눅이 들었을지도 모르지만, 동창회는 괜찮을 것 같아 큰마음 먹고 나갔다.

나에겐 이 역시 놀라운 변화 중 하나다. 누군가에겐 고민할 필요도 없는 쉬운 일이겠지만.

요즘 나는 깜깜한 어둠 속을 걷는 듯했던 지난날에 비해 아주 조금 나아진 기분이 든다. 특히 걱정할 때 나의 태도를 알게 된 후로 마음이 한결 가벼워졌다. 나는 걱정이 폭주할 때 두 가지 행동을 보였다. 엄청나게 비관하기 혹은 '걱정하는 게 뭐 어때서!'라면서 화내기. 물론 더 성장하려면 아직 갈 길이 멀다.

그래도 사람마다 걱정을 드러내는 방식이 다르다는 사실을 알고 나니 조금 마음이 놓였다. 또 걱정하던 상황이 실제로 일어날까 봐 진심으로 불안해하는 것이 아니라, 그저 습관에 지나지 않는다는 점도 알게 되었다.

그러고 나니 마음이 한결 편해져 동창회에 참석하고 싶은 여유까지 생겼다. 친구들이 지금의 나와 과거의 나를 어떻게 비교할지 모르겠지만.

설렘 반, 긴장 반으로 참석한 동창회는 실로 색다른 경험이었다. 10년 만에 만났는데도 바로 어제 만난 듯 친근하게 구는 녀석도, 얼굴이 잘 기억나지 않는 녀석도 있어서 기분이 묘했다.

나는 이 모든 이야기를 신나게 풀었다. 그는 어슬렁어슬렁 걸으며 나의 이야기를 조용히 들었다. 아니, 듣고 있는지 잘 모르겠다. 그래도 상대의 반응을 신경 쓰지 않고 나의 속마음을 이야기하니 의외로 기분이 좋았다. 아마 심리 상담을 받으면 이런 느낌이지 않을까?

"당신한테 하도 많은 이야기를 들어서 세뇌당했나 싶기도 한데, 깨달은 부분도 조금 있어요……. 물론 이해할 수 없는 게 더 많지만."

"조금? 농담이지? 꽤 높은 확률로 너에 대해 맞췄을 텐데."

"아뇨, 그렇지 않은데요. 하지만 몇 가지 깨달은 덕분에 저를 다시 되돌아보게 됐어요. 사실 고등학생 때는 지금보다 마음이 더 답답했어요. 세상이나 사회 시스템처럼, 내가 바꿀 수 없는 것들에 엄청 불만을 느꼈거든요. 동창회에서 몇몇 친구들이 저더러 '너는 그때 항상 화나 있지 않았냐'라고 말할 정도로요. 뭐, 그렇다고 세상을 바꾸겠다고 행동할 용기는 없었지만요.

성인이 되고 그 시절의 답답함과 분노는 없어졌지만, 그 대신 '나 때문이야. 내가 성장하지 않아서야'라며 저를 책망했어요. 하지만 그건 누구나 성장하는 동안 겪을 수 있는 과정이라고 생각했거든요."

"그럴 때 흔히 주변에서 긍정적으로 생각하라는 둥 자신감을 가지라는 둥 조언하곤 하지. 아마 전 세계 어디든 비슷할 거야. 그런데 이런 조언이 정말 효과적인지 한번 생각해봐야 해."

"무슨 뜻이죠?"

"긍정적으로 생각하고 자신감을 가지라는 조언을 따라서 원하는 대로 되면 좋아. 하지만 자신감을 기르기 위해 또는 긍정적으로 생각하기 위해 하는 행동들은 사실 부정적인 결과만 낳아. 자신감과 긍정적인 생각은 강해진 정신력으로 행동했을 때 얻게 되는 결과거든. 그래서 이를 목표로 삼으면 안 돼."

"흠, 그것을 목표로 삼으면 주객전도라는 말인가요? 이해되지 않네요. 자신을 탓하는 이유는 부족한 자신감 때문이잖아요. 제가 그런 사람이라서 잘 알아요. 남 탓, 세상 탓할 때는 몰랐는데, 나를 돌아보니 무능력하고 구제 불능이라는 생각이 들어서……. 그런 제가 싫어요.

그래서 자신감을 키우기 위해 어떤 노력이든 하고 싶어요. 그런데 그 노력이 부정적인 결과밖에 낳지 않는다니요. 그건 이상하잖아요!"

"그럼 어떻게 하면 자신감을 키우고, 일과 인간관계뿐 아니라 인생까지 잘 풀릴 수 있을까? 무엇을 목표로 하면 좋을까?"

"그걸 모르니까 물어봤죠. 저는 저에게 불만족스러운 부분이 많아요. 그래도 조금씩 앞으로 나아가기 위해 노력해야겠다고 마음먹었어요. 그런데 모처럼 자라난 싹이 짓밟힌 기분이네요. 이제 정말 어떻게 해야 좋을지 모르겠어요."

"내 말을 들어도 넌 또다시 '어떻게 해야 할지 모르겠어요'라고 말할걸. 내가 해줄 말이 네 생각과 완전히 반대될 테니까. 잘 들어. 너의 나쁜 부분을 고치기 위해 너무 힘 빼지 마. 네가 얼마나 자기 자신을 온전히 받아들일 수 있는지, 그게 더 중요해."

나는 그의 황당한 대답에 화나서 바로 반박했다.

"변하고 싶다는 사람한테 자기 자신을 받아들이라고요? 그럼 전혀 성장할 수 없잖아요. 성장하려면 현재에 안주하지 않고 더 높은 곳을 향해 가야 하는데, 지금의 저에게 만족하면 안 되죠! 당신의 조언은 정말 신뢰하기 어렵네요."

"지금 내가 말한 것은 '자기 자비(self compassion)[14]'라는 개념이야. 나를 탓하지 않고 배려하고, 나에게 공감하자는 개념이지. 자기 자비 능력이 낮으면 지나치게 자기 탓을 하는 경향이 있어. 안타깝게도 그러면 여러 문제가 생긴다는 사실이 다양한 연구로 밝혀졌지."

"자기 자비라고요? 하지만 그러면 그저 현재에 안주하게 될 뿐이잖아요. 현재에 만족하고 안주하면 좋은 결과를 얻지 못할 거예요. 저는 보잘것없는 영업사원인데, '이대로 괜찮아. 이걸로 충분해'라고 생각하면 성과를 전혀 올릴 수 없다고요."

"하지만 실제로 자기 자신을 있는 그대로 인정할 줄 아는 사람이 유능하다고 해."

"정말요? 유능해야 자기 자신을 있는 그대로 인정할 수 있는 게 아니고요?"

"그래. 나를 인정한다는 말은 '못해도 괜찮아. 나중에 잘하면 되지'라는 식으로 무조건 본인을 달랜다는 뜻이 아니야. 자신을 인정하지 못하는 사람이 어려운 일을 맞닥뜨렸을 때 어떻게 행동하는지 알아? 두 가지 유형으로 나뉘어.

첫 번째 유형은 '왜 나는 안 되는 걸까?'라며 쓸데없이 자신을 탓하고 더 어려운 과제를 부과해. 예를 들어, 성과를 100개 내려고 했는데 70개밖에 못 냈다고 가정해보자. 그러면 '나는 하등 쓸모없는 인간이야. 다음에는 120개에 도전해야겠어!'라며 더 높은 목표를 세우지.

두 번째 유형은 '이번에는 실패했지만, 다음에는 어떻게든 성공해야지!'라면서 현실적인 대책을 세우지 않아."

"첫 번째는 반성하고 있고, 두 번째는 낙관적으로 동기부여를 하고 있잖아요. 그게 왜 안 좋은지 모르겠어요. 쓸데없이 자기를 탓한다고 했지만, 솔직히 말해서 쓸데없는지 아닌지는 모르잖아요. 실제로 자기에게 부족한 부분이 있었고, 그 부분을 깊이 반성하는 중일지 어떻게 알아요. 그럼 대체 자기 자비 능력이 뛰어난 사람은 어려운 상황에서 어떻게 대응하나요?"

"자기 자비 능력이 높은 사람은 목표에 도달할 수 없을 때, 그저 그 사실을 받아들여. 그리고 목표에 도달하지 못한 이유를 생각해. 이때 자기 탓을 하지 않지. 객관적으로 원인을 분석하고, 현실적인 대책을 세우면 다음에는 반드시 길을 찾을 수 있다고 믿어. 그래서 자기 자비 능력이 뛰어난 사람은 인생이 잘 풀리고, 큰 성과를 얻을 수 있어. 쓸데없이 자신을 탓하지 않는 게 중요한 이유지."

"그렇군요. 당신 말이 맞다고 쳐요. 그럼, 저 같은 사람은 어떡하죠? '나를 탓하지 말아야지!'라고 결심하면 되나요? 자신을 탓하고 싶을 때는 노래라도 불러서 그 마음을 지워야 하나요? 그저 현실을 받아들이라고만 하면 너무 어려운데요."

"그럴 때 유용한 마인드셋[15]을 알려줄게. 지금이라도 알아두면 앞으로 분명 좋은 결과를 얻을 수 있을 거야."

자신을 탓하지 않으려면

그는 땅을 툭툭 치며 나에게 앉으라는 듯 고개를 끄덕였다. 이 토록 벤치가 많은 공원에서 굳이 맨바닥에 앉는 그를 이해할 수 없었지만, 자유로운 영혼이라 그러겠거니 받아들이며 그의 앞에 앉았다.

"오늘은 일단 💡Work 3 3가지 마인드셋(92쪽)을 알려줄게. 아마 들어본 적이 있을지도 몰라. 하지만 늘 그렇듯 비뚤어진 태도로 '그런 건 이미 알고 있어요'라고 말하지 않았으면 해. 앞으로 살면서 몇 번일지 모를 '일이 잘 안 풀리는 시기'에 반드시 떠올리겠다는 마음으로, 그리고 마인드셋을 꼭 네 것으로 만들겠다는 태도로 들어줘. 일단 첫 번째 마인드셋. 실패에서 배운다."

나도 모르게 "들어본 적 있어요!"라고 끼어들 뻔했지만, 그의 진지한 모습에 꾹 참았다.

"인간은 무언가를 잃어야 확실히 배워. 다시 말해 분할 때, 실패했을 때처럼 부정적인 감정을 느낄 때 기억이 강하게 새겨지지. 도전하고 손에 넣을 수 있는 것은 딱 두 가지야. 실패를 통한 배움이거나 성공한 뒤 받는 보상이거나."

"네, 그건 알겠어요."

"사람은 누구나 실패보다 성공을 원하잖아. 하지만 유감스럽게도 성공에서는 배울 것이 별로 없어. 왜 그런지 알아?"

"아뇨……. 저는 성공에도 나름대로 배울 게 있다고 생각해요. 일단 왜 성공했는지 알 수 있잖아요."

"흔히 그렇게 생각하지. 하지만 성공한 원인을 정확히 밝힐 수 없는 경우가 많아. 물론 목표를 달성하기 위해 한 어떤 노력이 성공을 가져올 때도 있겠지. 하지만 단순히 타이밍이 좋았을 뿐인 경우도 있어. 반면에 실패한 원인은 훨씬 파악하기 쉬워. 따라서 실패를 통해 배울 점이 더 많지."

"성공에서는 배울 게 없다……가 아니라, 여러 노력을 하며 배운 덕분에 성공하는 것 아닌가요?"

"맞아. 성공은 노력과 학습을 토대로 이뤄지지. 그런데 사람이 계속 성공만 할 수 있을까? 절대 그럴 수 없어. 그래서 실패를 대하는 태도가 중요하지. 너는 실패를 싫어하나?"

"당연하죠. 실패를 좋아하는 사람이 어디 있어요."

"그렇군. 난 작은 것부터 큰 것까지 꽤 많은 실패를 경험했어. 실패를 좋아하냐고 물으면 잘 모르겠지만, 적어도 싫어하진 않아. 그 과정에서 배우는 시간은 꽤 좋고.

실패하고 싶지 않으면 아무 도전도 하지 않거나 한 번 성공한 일을 계속하면 돼. 하지만 그래선 앞으로 나아갈 수도, 새롭게 배울 수도 없지. 따라서 늘 새로운 일에 도전해야 해. 앞으로 나아가려면 실패는 꼭 필요하단 사실도 기억하고."

눈썹이 찡그려졌다. 솔직히 이해되지 않았다. 녀석은 그런 나를 보더니 단호한 목소리로 말했다.

"실패를 받아들일 수 있는 강인한 정신력을 갖지 않는 한, 절대 성장할 수 없어."

다른 사람과 비교하는 것만큼 무의미한 일은 없다

"두 번째 마인드셋은 다른 사람과 비교하지 않는 거야. 사람은 누구나 장단점을 가지고 있어. 각자가 가진 매력이 서로 달라서 비교해봤자 아무런 의미가 없지. 완전히 다른 대상끼리 비교하는 게 무슨 의미가 있겠어. 생각해봐. 카레와 메밀국수를 비교하는 게 무슨 소용일지."

"무슨 소리예요. 카레와 메밀국수를 비교하는 의미는 있죠. 두 음식의 매력이 완전히 달라서 무엇을 먹을지 고민하게 되잖아요."

"바보냐? 점심으로 뭘 먹을지 고민하란 소리가 아니잖아. 그럼, 메밀국수와 카레 중 어느 쪽이 더 우수하지?"

"메밀국수는 미끈미끈하고 목 넘김이 좋으니까 입맛이 없을 때나 기분이 안 좋을 때 먹으면 좋죠. 특유의 향도 좋고요. 메밀국수는 역시 채반에 올려놓고 먹어야 제맛이에요! 카레는⋯⋯"

"어느 쪽이 더 우수한지를 물었어."

"네? 우열은 가릴 수 없어요. 맛의 매력이 너무 다르니까요."

"바로 그거야. 만약 다른 사람과 나를 비교한다면 메밀국수와 카레의 우열을 진지하게 고민하는 것만큼 바보 같은 일이지."

"그렇군요⋯⋯. 이론은 잘 알겠어요. 하지만 현실은 이론과 다르죠. 저는 이직 준비를 그만두고 지금 회사에서 잘해보려고 하는데요. 그렇게 마음먹으니 선배가 영업할 때 같이 가자고 제안도 해주고 조금씩 변화가 생기기 시작했어요. 영업직이 나에게 잘 맞는지는 모르겠지만, 일단은 모종의 결과라도 남겨야 한다고 생각해요.

하지만 저를 돌아보니 실적이나 인맥, 신뢰 관계가 너무나 보잘것없더라고요. 방금 말한 그 선배는 최우수 영업사원인 데다 성격도 긍정적이고 붙임성도 좋고⋯⋯. 선배가 영업할 때 몇 번 따라갔었는데, 대인 관계가 좋아서 그런지 고객들의 신뢰도도 높아 보였어요. 솔직히 저는 어떻게 해야 그런 경지에 도달할 수 있을지 막막해요. 저도 모르게 선배와 저를 비교하게 된다고요."

얼마 전, 선배의 모습과 비교되는 초라한 내 모습에 울적해진 날이 있었다. 한 번 비교하고 나니 시도 때도 없이 한심한 생각이 나를 덮쳤다.

"카레와 메밀국수의 우열을 가리는 건 어렵죠. 하지만 저는 인간적으로도, 영업사원으로서도 선배보다 뒤떨어져 있어요. 확실히요. 비교하지 말라거나 비교해도 의미 없다는 말을 들어도 솔직히 불가능해요."

"그 선배처럼 되고 싶나?"

"네."

"메밀국수가 카레를 동경해서 어떻게든 카레처럼 되려고 발버둥 치는 모습 같군. 어떻게 하면 기다란 몸통이 작고 동글동글해질까, 어떻게 하면 갈색 장국에 몸을 담그지 않고 황토색 소스와 어우러질 수 있을까? 대체 어떻게 해야 110종류나 된다는 메밀국수의 깊고 훌륭한 향을 버리고 전혀 다른 매력의 향을 낼 수 있을까?"

"왠지 비꼬는 것 같은데요."

"비꼰다고?"

"네, 당신은 매번 저를 바보 취급하는데요. 다른 사람의 기분을 생각해본 적은 있나요? 한 번도 없죠? 당신에게는 저 같은 사람이 우습게 보일지 몰라도, 전 진심으로 성장하고 싶어서 발버둥 치는 거라고요."

"마음이 상한 건 오히려 나야. 너를 우습게 보다니, 나는 한 번도 그렇게 생각한 적 없어. 나는 단지 카레를 동경하는 메밀국수의 마음을 이야기했을 뿐이야. 무지 어리석어 보이지? 네가 선배를 동경하는 건 좋아. 선배를 롤모델로 삼아도 괜찮아. 하지만 그와 비교하면서 자책하고 우울해하면 안 돼."

다른 사람과 비교해서 우울해하면 안 된다는 사실은 나도 알고 있다. 아마 옆집 초등학생도 알 것이다.

"하지만 머리로 이해해도 그대로 행동할 수 없는 것이 인간 아닐까요?"

"잘 들어. 사람은 말이야, 다른 사람은 객관적으로 볼 수 있지만, 자기 자신은 객관적으로 볼 수 없어. 사실 인간은 자신의 서 있는 모습조차 맨눈으로 볼 수 없지. 거울을 통해서만 볼 수 있잖아.

자신을 지나치게 책망하다 보면 자신의 좋은 부분, 재능, 성과는 안 보이는 법이야. 자신을 비하하는 마음을 가지고 '객관적으로 볼 수 있는 다른 사람'과 비교하면 당연히 나보다 상대가 뛰어나다고 생각하게 되지. 그래서 쓸데없이 자책하고 마는 거야. 실제로 그럴 필요 없는데도. 알았어? 다른 사람과 비교하는 행위 자체가 쓸데없이 자책하게 만드는 거라고. 난 그 행동이 어리석다고 생각해. 네가 아니라."

"다른 사람은 객관적으로 볼 수 있지만, 나는 그렇게 볼 수 없으니 비교해봤자 의미 없다……."

"그래. 그러니 남과 비교하지 말고 과거의 나와 비교해. 어제의 나, 일주일 전의 나, 10년 전의 나도 괜찮아. 그렇게 하면 조금씩 나아가는 걸 느낄 수 있고, 계속 도전하는 중인지도 확인할 수 있어. 어제보다 조금이라도 앞으로 나아갔다면 그걸로 충분해."

"마지막 마인드셋 간다."

"네."

"세 번째 마인드셋, 정답은 하나가 아니다. 정답이 하나밖에 없다고 생각하면 실패했을 때 다 끝났다고 생각하기 쉬워. 예를 들어, 좋은 대학에 들어가야 한다, 대기업에 취업해야 한다, 일류 회사에서 성공해야 한다, 연봉이 얼마 이상은 되어야 한다……. 세상에는 온갖 쓰레기 같은 기준이 나뒹굴고 있어.

나는 예전부터 '평범'과는 거리가 멀었어. 그래서 학창 시절 생활기록부에도 '산만하다, 협조성이 부족하다, 내향적이다'라는 평가가 자주 적히곤 했지. 하지만 그때 남들처럼 평범하게 살아야겠다고 생각했다면 아마 지금의 나는 없었을 거야."

"와, 좀 놀랍네요. 평범한 편은 아니라고 느끼긴 했지만, 학창 시절에 선생님께 예쁨받던 우등생일 줄 알았어요."

"선생님에게 예쁨을 받아? 하하하. 선생님에게 예쁨받는 게 좋다는 발상도 정말 시시하기 이를 데 없어. 누군가에게 인정받고, 다른 사람들과 같아야 정답이라고 믿는 그런 생각이야말로 잘못된 거야."

"후……. 하지만 윗사람에게 인정받는 건 사회에서 살아남기 위한 방법이라고 생각했어요."

"목표를 달성하는 방법은 수없이 많아. 그중 나에게 맞는 방법을 찾으면 돼. 미래는 누구도 경험한 적이 없잖아. 그러니 더 나은 미래를 위해 도전할 생각이라면 꼭 기억해. 정답은 하나가 아니야. 네게 보이는 것 또는 세상에서 말하는 정답과 다른 답을 찾지 않으면 성공할 수 없지."

"나만의 답을 찾지 않으면 성공할 수 없다는 말인가요?"

"맞아. 네가 앞으로 무엇을 하든 유일한 정답, 절대적인 정답이란 존재하지 않아. 오히려 여러 개의 정답을 찾을 줄 알면 강점이 될 거야. 그러니 다른 사람이 생각하지 못한 정답을 되도록 많이 찾는 게임을 한다고 여기고 즐기도록 해."

나는 그의 말에 묘하게 설득됐다.

"그렇군요. 조금 알 것도 같네요. 일단 제 인생의 목표부터 세울게요."

"하하하. 설마 성공하려면 일단 큰 목표를 세워야 한다고 생각하는 건 아니지? 그거야말로 착각이야."

"쳇, 뭐예요. 기껏 의욕이 생기려고 하는 참인데. 왜 찬물을 끼얹어요? 저를 응원해주려는 거예요, 아니면 심심해서 절 갖고 노는 거예요? 정말 모르겠네요. 유명한 운동선수만 봐도 어린 시절부터 높은 목표를 세우고 필사적으로 노력해서 성공한 사람이 많잖아요. 도대체 뭐가 착각인 거죠?"

"어릴 때 너도 근사한 직업을 갖겠다고 꿈꿨지? 하지만 세상은 변해. 그래서 어린 시절에 꿈꾸던 직업과 취업할 즈음 원하는 직업이 달라지지.

고등학교의 선생님들은 마치 태어날 때부터 진로를 교사로 정했다는 듯이 아이들에게 빨리 진로를 정하라고 재촉하잖아. 그런데 아직 세상에 대해 모르는 것투성이인 학생들에게 얼마 없는 선택지 중에서 꿈을 정하라고 하는 게 맞는지 의문이 들어. 그 아이들이 취업할 즘에는 지금 존재하는 직업 가운데 절반은 없어질 거라고. 단순히 지금의 선택지에서 하나를 목표로 정하는 건 어떤 의미에서 위험하다고 할 수 있어."

"아, 무슨 말인지 알아요. 저희 할아버지는 옛날에 우유 가게를 하셨거든요. 병에 든 우유를 판매하는 가게였어요. 매일 아침이면 우유병을 배달하셨죠. 저도 어릴 때는 어른이 되면 할아버지의 일을 돕겠다고 생각했는데, 지금은 거의 볼 수 없는 직업이 됐네요."

"전에 기업의 실적과 목표에 관한 흥미로운 논문을 읽었어. 어떤 내용인지 알려줄까? 실적이 안 좋은 기업일수록 큰 목표를 세우는 경우가 많대(2011년, 노스캐롤라이나주 듀크대학). 반면, 실적이 좋은 기업일수록 높은 목표를 세우기보다 생산성 악화로 이어질 위험과 낭비를 줄이는 일에 매달렸어. 낭비를 줄이고 기회가 왔을 때 전력을 기울일 수 있도록 준비한 거지.

또 하버드 비즈니스 스쿨의 연구 보고서에도 높은 목표에 관한 내용이 나와. 핵심은 목표를 크게 세울수록 실패하기 쉽다는 거야. 이 외에도 '눈앞의 이익을 우선하면 손해를 본다', '목표가 높을수록 동기부여가 어렵고, 부정과 눈속임을 하게 된다'라는 결과도 있어."

"와, 목표는 높을수록 좋을 줄 알았어요. 그래야 더 나은 미래를 만들 수 있다고 생각했는데. 오히려 목표 달성에 실패하기 쉽고, 동기부여도 어렵다니. 제 생각과 너무 달라서 솔직히 받아들이기 힘드네요."

"그러니까 지금 하고 싶은 걸 해. 그러다 해야 할 일이 정해지면 거기에 온 힘을 집중하는 거야. 만약 다른 일을 하고 싶거나, 잘하는 일을 찾으면 그때 진로를 바꾸면 돼.

실제로 자신의 직업을 천직이라고 여기는 사람들에게 어떻게 그 직업을 갖게 됐는지 물어보면 '우연히'라고 대답한 경우가 가장 많았다는 결과도 있어.

내가 완전히 몰입할 수 있는 일을 계속 찾는 것. 더 좋은 미래를 상상하며 최선을 다해 현재를 사는 것. 이 두 가지를 할 수 있다면 반드시 네 안의 숨은 가능성을 찾을 거야. 그 가능성이 목표를 세우고 성과를 만들고 더 나은 미래를 가져다주는 거지."

"어렵네요. 지금 하고 싶은 일, 바로 그걸 모르겠는데. 아니, 이제야 겨우 그 일을 찾는 출발선에 섰어요. 지금까지는 무슨 일을 하든 늘 어중간했거든요. 하고 싶은 일도 별로 없고, 고르고 싶은 선택지도 적었어요. 그래서 그 부분을 지적받을 때면 정말 힘들었죠."

"그렇군. 너는 매일 아침 몇 시에 일어나지?"

"음…… 8시쯤이요."

"그때 일어나도 회사에 제시간에 도착하나?"

"네, 좀 아슬아슬하지만요. 후다닥 준비해서 나와 8시 15분에 전철을 타면 8시 40분에는 회사 근처 역에 도착하고, 9시 전에는 제 자리에 앉을 수 있어요."

"그러면 내일부터는 30분 더 일찍 일어나봐. 지금보다 더 여유로운 아침을 맞는 거야. 사실은 운동도 추천하고 싶은데, 오늘은 참을게. 일단 일찍 일어나는 것부터 해봐."

"그런데 지금 하고 싶은 일에 대해 얘기하다 말고 왜 아침에 일어나는 시간을 말하는 거죠? 게다가 운동이라니 말도 안 돼요. 매일 회사에서 늦게 끝나는 데다 퇴근할 때쯤에는 완전히 녹초가 된다고요."

"그건 괜찮아. 나른하고, 피곤할 때일수록 운동을 해야 컨디션이 좋아진다는 연구 결과도 있거든. 지난번에 20분 정도 달리기만 했는데 동료가 너에게 안색이 좋다고 했다면서?"

"아니, 그건······."

"단 하루만 운동해도 효과가 나타난다는 일리노이대학의 연구도 있어. 매일 운동하지 않더라도 말이야. 하지만 지금은 됐어. 운동까지 하라고 하면 너는 순식간에 무너질 테니까. 일단 아침 7시 30분에 일어날 것. 그리고 주 1회, 적어도 열흘에 한 번은 여기로 올 것. 두 가지만 지켜. 알겠지?"

생각하는 버릇은 습관이다

왠지 또다시 희뿌연 안개에 휩싸인 듯한 기분이 들었다. 그의 말에 숨은 의도가 뭔지 모르겠다. 게다가 어쩐지 언짢은 기분까지 나를 괴롭혔다.

'아침 7시 30분에 일어나되 운동은 하지 말라고? 그럼 나는 순식간에 무너진다고? 내가 왜?'

내 마음을 눈치챘는지 그가 다시 말을 이었다.

"기분 상할 필요 없어. 이건 새로운 습관을 들이기 위한 준비 과정이야. 서던캘리포니아대학에서 습관에 관해 연구하는 웬디 우드(Wendy Wood)라는 사람이 있어. 그는 텍사스 A&M대학의 학생 70명을 대상으로 연구를 했지. 이 연구에 따르면 무려 일상의 30~50%가 습관으로 이루어져 있다고 해.

학생들, 즉 습관이 아직 굳어지지 않은 사람들을 대상으로 한 조사라서 사회인을 대상으로 조사하면 수치가 더 올라갈 수도 있어. 나이가 많아질수록 습관은 늘어날 수 있고, 그렇다면 일상의 반 이상이 습관으로 차는 셈이지. 즉, 습관을 관리한다면 인생의 반 이상을 계획할 수 있다는 뜻이야. 인생은 곧 습관이야."

"습관이라. 그런데 전 딱히 특별한 습관이 없어요. 아침에 일어나면 화장실에 가고 세수하고 양치하는 정도예요. 그리고 양말은 왼발부터 신는다거나 평소엔 오른손잡이지만 정기권은 왼손으로 찍는 정도? 전철을 타는 위치도 그때그때 다르고. 아, 타는 시간은 정해져 있구나."

"자신도 의식하지 못하는 습관은 놀라울 정도로 많아. 네가 의식할 수 있는 행동은 최대 약 40%에 지나지 않지. 너의 습관을 하나하나 적어봐도 실제로는 두 배 이상의 습관이 있을 거야. 따라서 인생을 바꾸기 위해서는 습관을 관리하는 게 중요하지. 아주 작은 습관이라고 하더라도."

"당신에게 이런 변명하고 싶지 않은데요. 전 무언가 새로 시작할 용기도 없고, 의지력도 정말 약해요. 뭘 오래 한 적도 없고요. 그래서 미리 사과드릴게요. 새로운 습관을 들이기는 힘들 것 같아요."

"물론 의지력이 강하면 습관을 들이기 유리하지. 그런데 의지력이 약한 사람에겐 습관이 없을까? 그렇지 않아. 습관을 들이는 데 필요한 기술만 배우면 돼. 그러고 나서 작고 쉬운 습관부터 들여보는 거야.

습관을 들이는 건 귀찮고 힘들다고 생각하는 사람이 꽤 많아. 그러나 습관을 들이면 생활이 굉장히 편해져. 왜인 줄 알아? 그 이유는 뇌랑 관계있어. 인간의 뇌가 가장 지치는 순간은 의사 결정을 할 때야. 의사 결정을 하면 할수록 뇌는 지쳐. 그런데 습관을 들이면 의사 결정 횟수가 줄어들기 때문에 뇌가 지치지 않도록 도와줄 수 있지.

생각해봐. 아침에 일어났을 때는 뇌가 지치지 않은 상태여서 가장 집중력이 좋고, 자신을 잘 통제할 수 있어. 그래서 아침부터 인스턴트 음식을 먹는 사람은 별로 없지. 하지만 뇌가 지친 밤에는 자제력을 잃고 기름진 라면을 먹거나, 사랑하는 연인을 두고 술집에 가서 다른 이성을 만나기도 해. 그게 다 뇌가 지친 탓이야."

"누구나 밤에는 지치잖아요. 그럼 어떻게 하면 되나요?"

"의사 결정을 안 하면 돼."

"네?"

"다시 말해, 생활에 유용한 습관을 들이면 된다는 뜻이야. 예를 들어, 인간관계 때문에 피곤한 사람은 그에 관한 습관이나 규칙을 만들면 좋아. 나는 누가 만나자고 했을 때 확인하는 체크리스트가 있어. 리스트에 적힌 항목에 해당할 때는 상대를 만나지 않겠다고 규칙을 세운 거야. 그러면 힘들게 고민하지 않고 대답할 수 있잖아.

스티브 잡스나 마크 저커버그가 매일 같은 옷을 입는 이유 역시 의사 결정으로 뇌가 지치는 것을 방지하기 위해서야. 중요한 의사 결정을 위해 뇌의 에너지를 관리하는 셈이지. 뇌가 지치지 않도록 도울 수 있는 일은 많아. 다만, 감정과 의지에 휘둘리지 않는 체계를 만들어두는 것이 중요해.

흔히 같은 일을 꾸준히 하는 사람의 의지력을 높이 사잖아. 그러나 의지력이 필요한 건 처음뿐이야. 습관이 한 번 자리 잡으면 굉장히 편해지거든. 계속할수록 점점 더 그 행동을 하는 게 편해져. 혹시 매일 아침에 양치하기 힘들어?"

"아니요. 전혀요."

"그렇지? 이미 장기적인 습관이 되었으니 힘들 리 없지. 또 습관을 들이면 의지력이 강해진다는 연구 결과도 있어. 대단한 습관일 필요는 없어. 작은 습관을 많이 들이면 의지력이 강해져. 즉, 의지력이 강해서 습관을 들인 게 아니라, 작은 습관을 많이 들였더니 자연스럽게 의지력이 강해졌다는 뜻이야."

"흠······."

"어때? 예상 밖의 결론이지? 의지력을 키우고 싶다면 습관을 들이는 길이 제일 빨라."

유능한 사람은 자신을 있는 그대로 인정할 줄 안다.

지금 이 순간에 집중하면 더 나은 미래가 보인다.

큰 목표를 세울 필요는 없다.

멋진 인생을 살고 싶다면 일단 작은 습관을 많이 들여라.

Work | 2

지나친 걱정 개선 활동

서식스대학에서 조사한 '걱정이 폭주하는 5가지 원인'을 파악해 지나친 걱정을 줄이는 활동입니다. 다음 5가지 원인을 보고 왜 내가 지나치게 걱정하는지, 왜 불안해서 견딜 수 없는지 생각해봅시다.

1. 불확실성(모호함)을 견딜 힘이 없다.

모호한 것을 '위협' 또는 '위험'이라고 해석하고, '모르는 것=위험한 것'이라고 생각하지 않나요? 그 대상이 정말로 위험한지 객관적으로 생각해보세요.

2. '주의 편향' 상태이다.

걱정되거나 불안한 일만 지나치게 생각하고 있지는 않나요? 특정한 일을 계속 생각하면 '주의 편향'이 일어나 인식이 왜곡되기 쉽습니다. 현재 주의 편향 상태 같다면 상황을 잠시 멀리서 바라보세요. 그러면 주의 편향 상태에서 벗어날 수 있습니다.

3. 걱정은 좋다고 생각한다.

많이 걱정해야 문제가 발생했을 때 대처할 수 있다고 생각하나요? 이는 걱정하던 일이 실제로 일어났을 때 곧바로 움직일 수 있는 사람에게만 유효합니다. 만약 걱정만 하고 행동으로 옮기지 않는다면 행동으로 옮기는 훈련을 해야 합니다.

4. 완벽주의적으로 접근한다.

완벽주의자들은 섣불리 행동하지 않습니다. 모든 조건이 갖춰지지 않으면 아무것도 시작할 수 없다고 생각하기 때문입니다. 실패하고 싶지 않은 마음을 내려놓으세요.

5. 부정적인 모드로 살아간다.

늘 부정적으로 상황을 보는 사람은 '부정 편향'으로 인해 걱정하는 버릇에서 빠져나오기 힘듭니다. 혹시 걱정을 멈출 수 없다면 '부정 편향' 상태가 아닌지 되돌아보기를 바랍니다.

자기 자비 능력을 높이는 마인드셋 활동

자기 자비 능력은 자신을 있는 그대로 인정하는 것을 말합니다. 이 능력이 낮으면 자신을 지나치게 책망해 모든 일이 잘 풀리지 않는다는 사실이 다양한 연구를 통해 밝혀졌습니다. 지금부터 자기 자비 능력을 높이는 3가지 마인드셋을 정리하겠습니다.

마인드셋 1. 실패에서 배운다.

성공은 배움으로 이어지지 않는 경우가 많습니다. 성공한 원인을 정확히 밝힐 수 없는 때가 많기 때문입니다. 반면에 실패한 원인은 비교적 알기 쉽습니다. 그래서 실패 원인을 토대로 문제를 해결할 방법이나 새로운 시각을 배울 수 있습니다. 게다가 새롭게 도전할 동기부여도 얻을 수 있습니다. 즉, 실패는 아주 큰 배움의 기회인 셈입니다.

마인드셋 2. 다른 사람과 비교하지 않는다.

객관적으로 볼 수 있는 '남'과 주관적으로 볼 수밖에 없는 '나'를 비교하는 일은 아무런 의미가 없습니다. 그저 쓸데없이 나를 탓하게 될 뿐입니다. 차라리 과거의 나와 비교하세요. 그러면 앞으로 나아가고 있는지, 꾸준히 도전하고 있는지를 확인할 수 있습니다.

마인드셋 3. 정답은 하나가 아니다.

정답이 하나밖에 없다고 생각하면 실패했을 때 모든 게 끝난 듯 막막해
집니다. 세상이 말하는 정답 말고, 나만의 정답을 얼마나 찾을 수 있는
지가 중요합니다. 그러면 어떤 정답에 만족하지 못해도 다른 정답으로
가볼 수 있습니다.

삶에 조금씩 변화가 생기고,

D를 멘토로 인정하기 시작한 쇼타.

D는 부탁을 거절할 수 없는 것도,

늘 시간이 없는 것도 습관 때문이라고 지적한다.

최소한의 노력으로 최대의 효과를 얻는

습관을 향한 도전 이야기

3장

도전

인생을 채우는
모든 순간의 이름

고작 습관이
뭐라고

오전 7시 30분, 요란한 알람 소리가 방 안을 가득 채운다.

첫날은 바로 일어나지 못하고 '5분 뒤 다시 울림'을 두세 번쯤 한 뒤에야 간신히 깼다. 그래도 8시 전에 침대에서 몸을 일으키는 데 성공했다.

그로부터 열흘 뒤. 지금은 알람이 울리면 곧바로 일어난다. 처음에는 그토록 눈뜨기 힘들었는데, 인간의 몸은 정말 환경에 잘 적응하는 듯하다.

새로운 변화는 또 있다. 얼마 전, 우리 팀의 기획이 통과돼서 내가 3일 전부터 리더 역할을 맡게 되었다. 처음 맡는 중책에 당연히 기뻤지만, 곧바로 골치 아픈 일들이 생기기 시작했다.

휴일의 점심시간, 나는 녀석과 약속한 대로 공원으로 향했다. 휴일이라 그런지 공원에는 주로 가족 단위의 사람들이 많았다.

그 속에 건장한 청년 2명이 있다. 어슬렁어슬렁 걷는 남자와 땅바닥에 앉아 그를 쳐다보는 남자. 아마 다른 사람들은 우리의 관계를 짐작하기 어려울 것이다.

"지금 체지방률은 어느 정도지?"

D가 대뜸 물었다. 아, 'D'는 그 녀석의 임시 이름이다. 그동안 '자유로운 영혼'이라는 별명으로 불렸는데, 문득 멋대로 별명을 지어 부르는 건 실례 같다는 생각이 들었다. 그래서 지난번에 헤어질 때 이름을 물었더니 그는 "D"라고만 답했다. 아마 가명이 아닐까 싶다.

"갑자기요? 음…… 24% 정도일걸요. 사실 잘 모르겠어요."

"엥? 24?"

"뭐죠. 그 어이없다는 말투는? 체지방 따위 신경 쓴 적이 없어서 잘 몰라요. 1년에 한 번, 회사 건강검진 때만 측정해서 기억도 안 나요."

"체지방률이 8%에서 15% 사이여야 복근이 희미하게라도 보여. 적어도 15% 이하여야 건강에도 좋고."

"저는 복근 없어도 괜찮아요."

"그래? 하지만 여자친구가 생기길 바라지 않나?"

"네, 그런데 그게 왜요? 체지방률이 24%면 연애를 못 한다는 연구 결과라도 있나요?"

"2,742명의 미혼 남녀를 대상으로 한 시드니대학의 연구가 있어. 결과를 보면, 이성에게 인기 없는 이유 17위가 6%의 표를 받은 '근육이 전혀 없는 사람'이래. 하하."

"세상에는 정말 다양한 연구 결과가 있네요."

"더 흥미로운 점은 16위가 '지나치게 근육질인 사람'이었다는 거야. 근육이 너무 없어도 너무 많아도 매력이 떨어진다는 뜻 아니겠어? 체지방률은 칼로리를 제한하고 일정 시간 운동하면 일주일에 0.5~1% 정도는 뺄 수 있어. 근육을 유지하면서 체지방률을 낮출 수 있는 방법이지. 지금 너의 체지방률이 24%니까 15%로 만들려면 9%를 빼면 되겠군. 대략 9주에서 18주 정도면 달성할 수 있겠어."

"후, 글쎄요."

"일주일에 1% 이상 빼면 근육량도 빠지고, 남성 호르몬인 테스토스테론[16] 수치도 떨어져. 나이가 들수록 늘어나는 복부 지방은 테스토스테론을 여성 호르몬으로 바꾸는 효소를 늘리지. 그러면 새로운 일에 도전하거나 근육을 단련하거나 의사 결정력을 좌우하는 호르몬이 줄어들게 돼."

D는 내 배를 유심히 보더니 중얼거렸다.

"나이 치고는 배가 좀 나왔네."

"저기요! 뚱뚱하다고 문제될 게 있나요?"

"당연하지. BMI[17]가 4.34포인트 높아질 때마다 뇌의 인지 기능이 2.22개월 저하, 즉 노화된다는 결과를 애리조나대학이 발표했어. BMI와 뇌의 작용을 비교한 연구로, 15년 동안 12만 1,500명의 자료를 조사한 결과야."

"BMI는 익숙한데, 정확히 뭐였죠?"

"Body Mass Index의 앞 글자만 딴 거야. 체중과 키로 비만도를 계산한 체질량 지수를 말하지. '체중 나누기 키의 제곱'으로 계산할 수 있어. 네 키는 몇이지?"

"167센티미터에 몸무게는 69킬로그램이에요."

"$69 \div (1.67 \times 1.67) = 24.7$이군. 반올림하면 25니까 비만 체형이라 할 수 있겠어. 25부터 비만으로 보거든. 2013년에 BMI가 25 이상인 남성은 표준 남성보다도 테스토스테론의 수치가 무려 40% 낮다는 사실이 밝혀졌어. 테스토스테론은 인기 척도와도 밀접한 관련이 있어. 인기가 많기를 바라는 너는 꼭 챙겨야 하는 호르몬이지. 참고로, BMI가 높을 때뿐만 아니라, 체지방을 과도하게 줄여도 테스토스테론 수치는 줄어든다고 해."

"테스토스테론이 남성 호르몬인 거죠? 낮으면 안 좋을 것 같긴 한데, 구체적으로 어떤 영향이 있는데요?"

"테스토스테론 수치가 낮아지면, 의욕이 사라지고 지구력도 떨어져. 자주 졸리고 수면의 질도 안 좋아지지. 일상생활의 만족도가 떨어지는 셈이야. 그러니 조심하는 게 좋아. 너는 체지방률을 10%, 적어도 15% 이하로 유지해야 딱 맞아."

"하지만 전 정말 운동을 거의 안 해요. 복근을 만들려면 보디빌더처럼 운동해야 하는 거잖아요. 그럴 체력은……"

"복근을 만들려면 근력 운동을 많이 해야 할 것 같지만, 하루에 딱 30분이면 돼. 난 두세 종류의 운동을 3세트씩만 하고 있어.

사실 운동보다 중요한 건 역시 식단이지."

"뭘 먹어야 하는데요?"

"살을 빼는 방법은 두 가지야. 섭취하는 칼로리를 줄이거나 섭취하는 단백질량을 늘리는 것. 단백질은 3대 영양소 중에서 가장 살이 되기 어려워. 또 단백질을 섭취하면 콜레키스토키닌[18]이라는 호르몬이 분비되어 식욕을 억제해주지. 체내 분해 효소를 활성화해서 중성지방을 분해하는 효과도 있고. 특히 하루의 첫 식사 때 단백질을 많이 섭취하도록 해. 계란을 3개 먹는 것도 좋아. 살짝 데친 시금치에 반숙 계란을 얹어 먹어도 좋고. 앞으로 집에서 계란을 삶도록 해. 식단을 짜는 데 도움이 될 거야."

활기찬 일상은 건강에서 시작된다

나는 이야기 중간부터 급하게 스마트폰을 꺼내 적었다. D는 정말 말이 빨라서 잠깐 딴생각을 하면 핵심 내용을 놓치기 쉽다.

"계란은 직접 삶을 필요 없어요. 편의점에서 삶은 계란을 팔잖아요."

"가공품은 안 돼. 조미료가 가미된 제품도 있으니까. 소금만 첨가됐다면 괜찮지만, 설탕이나 다른 게 들어갔을 수도 있어. 계란뿐 아니라 가공품은 되도록 안 먹는 게 좋아."

"그런데 어쩌다 보니 제가 다이어트를 해야 하는 방향으로 흘러가고 있는데요. 저는 정말 복근을 만들고 싶은 마음이 없거든요. 그리고 다이어트할 때는 밥을 먹으면 안 된다는 등의 식이 제한도 있지 않나요?"

"섭취하는 칼로리를 줄이면 줄일수록 체중은 줄어. 하지만 동시에 근육량도 기초대사량도 줄어들지. 체중은 급격하게 줄이면 안 돼. 일주일에 0.5~1% 정도씩 감량하는 게 좋아. 식사도 무엇은 먹고 무엇은 먹지 말라고 하면 스트레스만 쌓이잖아?"

"맞아요! 그러면 화날 것 같아요."

"음식을 제한하기보다 무엇을 먹을지 신경 써야 해. 예를 들어, 그동안 목욕하고 나서 아이스크림을 먹었다면 이제부턴 냉동 과일을 먹는 거야.

당질을 많이 섭취하면 신진대사 기능이 떨어지고, 노화가 빨리 진행돼. 이것만큼은 확실하지. 그렇다고 당질을 아예 피할 필요는 없어. 3대 영양소의 균형만 유의하면 돼.

전체 칼로리는 혼자서 계산해봐. 'TDEE[19] 계산'으로 검색하면 체중을 유지하기 위한 칼로리, 감량하기 위한 칼로리, 증량하기 위한 칼로리가 나와.

칼로리의 40%를 지방질로, 20%를 단백질로, 나머지 40%를 탄수화물로 섭취하는 4:2:4 비율이 체지방을 유지하는 균형 잡힌 식단이야. 만약 체지방을 줄이고 싶다면 지방과 탄수화물을 적게 먹고 단백질량을 늘리는 게 좋아."

"지방이 40%라니, 꽤 많네요. 다이어트할 때 지방을 절대 섭취하면 안 되는 줄 알았어요."

"당연히 튀김을 마음껏 먹어도 된다는 뜻은 아니야. 식재료 자체에 있는 지방질을 모두 포함해서 40%라는 뜻이지. 한때 유행했던 지방 제한 다이어트처럼 과하게 지방질을 제한할 경우, 호르몬 균형이 무너지고 에너지 부족 및 피부염 등 컨디션 악화를 가져오기도 해.

식재료에 포함된 지방질 외에는 올리브유, 참기름, 포도씨유를 사용해서 하루 한 번 생선 요리를 먹거나 식단에 견과류를 넣어서 필수지방산을 섭취하면 좋아. 그리고 술을 마신다면 하루에 1잔까지. 탄수화물은 운동한 다음에 먹으면 좋고."

"왠지 배가 부른데요. 정보를 과식한 느낌이랄까. 제가 다이어트를 안 하겠다고 하면 다시 일장 연설을 할 거죠? 후, 어쩔 수 없이 오늘부터 다이어트를 해야겠네요."

"우울해하지 마. 잠시 쉬어가는 의미로 잠에 관해 이야기해줄게."

"잠이요?"

"그래. 테스토스테론의 수치는 수면 시간의 영향도 크게 받아. 하루 수면 시간이 4시간과 8시간일 경우를 비교해보니, 4시간을 잤을 때 테스토스테론의 수치가 반으로 줄어든다는 연구 결과가 있어. 2010년에는 수면 시간이 1시간 늘어날 때마다 테스토스테론이 15% 상승한다는 연구 결과도 발표됐고.

잠을 충분히 못 자면 스트레스가 쌓이고, 그러면 테스토스테론 수치가 내려가. 스트레스에 노출된 사람은 근육량이 줄어들고 지방이 잘 붙게 되지. 따라서 체지방을 줄이고 싶다면 반드시 충분히 자야 해."

"구체적으로 얼마나 자야 해요?"

"하루에 적어도 7시간은 자야 한다고 말하는 의사도 있지만, 나는 사람에 따라 적정 수면 시간이 다르다고 봐. 하지만 복근을 만들고 체중을 줄이려면 7, 8시간은 자는 편이 좋을 거야."

"네? 지금 오전 7시 30분에 일어나니까 밤 11시 30분에서 12시 30분 사이에는 자라고요? 흠……"

"뭐, 좋을 대로 해. 잘해봐."

"너무 성의 없이 말하는 거 아니에요?"

"아, 그리고 또 하나. 이제 바뀐 기상 시간에 적응했으니 한 가지 과정을 더 늘리자. 이것도 충분히 할 수 있을 거야. 아침에 눈 뜨면 제일 처음에 뭘 하지?"

"알람을 끄는데요."

"그다음은?"

"몸을 일으키죠."

"그다음은?"

"바로 샤워할 때도 있고, 잠이 깰 때까지 멍하니 침대에 앉아 있기도 하고."

"좋아. 내일부터는 일어나면 곧장 커튼을 열고 팔굽혀펴기를 3번 해. 화장실은 그다음에 가고."

"화장실에 가고 싶어서 깰 때도 있는데요."

"거참, 귀찮은 녀석이군. 그럼 화장실을 먼저 가. 그다음에 커튼을 열고 팔굽혀펴기를 해."

"네, 해볼게요."

"팔굽혀펴기한 다음에 침대에 다시 눕지 말고 곧바로 양치하고 샤워해."

"후……"

"팔굽혀펴기할 때 팔을 살짝 굽히기만 해선 안 돼. 어깨너비만큼 팔을 벌려서 자세를 잡고, 바닥에 몸이 거의 닿을 때까지 내려가는 거야. 일주일 정도 하고 나면 3번은 쉽게 할 거야. 그때부터는 팔을 굽힌 상태에서 버티는 시간을 조금씩 늘려."

"아침에 일어나면 커튼을 열고 곧바로 팔굽혀펴기부터 한다. 그다음에 이를 닦고 샤워를 하란 말이죠. 그런데 저는 평소에 샤워하면서 이를 닦는데요……."

"하, 그럼 그렇게 하면 되잖아."

D는 조금 귀찮다는 듯이 대답했다.

"샤워하면서 이를 닦고. 어디 보자…… 일단은 커튼."

나는 머릿속에서 차례차례 시뮬레이션을 해봤다.

"커튼을 열고 팔굽혀펴기 3번. 바른 자세로 정확하게. 일주일이 지나면 팔을 굽힌 상태에서 버티는 시간을 늘린다."

"그렇지. 그게 너의 새로운 아침 루틴[20]이야."

똑똑하게 습관을 들이는 법

"그런데 꼭 아침에 해야 하나요? 사실 제가 저혈압이라서 아침에 머리 회전이 잘 안 돼요. 만약 아침에 하면 잊어버릴 수도 있을 것 같은데……. 그냥 낮에 공원에 와서 한다거나 퇴근 후나 잠들기 직전에 하면 안 될까요?"

"아침에 해야 하는 이유는 간단해. 아침에 일어나자마자 행동해야 습관 들이기가 편하거든. 프랑스의 니스 소피아 앙티폴리스 대학에서 습관에 관한 흥미로운 실험을 했어. 먼저 48명의 학생을 2개의 그룹으로 나누었어. A그룹은 아침에 스트레칭을 하고, B그룹은 밤에 스트레칭을 했지. 참가자들이 스트레칭하는 습관을 들이기까지 얼마나 걸렸을까? 그 기간을 비교해보니 A그룹은 105일, B그룹은 154일이 걸렸어. B그룹이 A그룹보다 50일 가까이 더 걸린 셈이야. 그 이유가 뭔지 알아?"

"아뇨, 모르겠어요."

"바로 코르티솔[21] 때문이야. 아침에 일어나는 코르티솔의 수치 변동이 습관을 들이기 쉽게 만들었던 거지."

"코르티솔은 저도 들어봤어요. 별로 좋은 내용은 아니었는데. 스트레스적인 거던가?"

"'스트레스적인 것'이 뭐야? 말을 좀 똑바로 해. 코르티솔은 스트레스 호르몬이라고도 불려. 눈앞에 적이나 무서운 존재가 나타나서 '도망쳐야 해!'라고 느낄 때 분비되는 호르몬이야. 즉, 최대한 빨리 도망치기 위한 순발력을 발휘하게 돕지. 놀랍게도 인간의 몸에서는 아침에 눈을 뜨기 직전에도 코르티솔 수치가 상승해. 하루를 시작할 에너지를 공급하는 거야."

"와, 인체는 정말 신비롭네요."

"그렇지? 따라서 아침에 뇌는 각성 상태에 있고, 눈앞의 상황에 적응하는 능력이 최대한 발휘돼. 바로 그때 새로운 행동을 하면 빠르게 적응해 습관으로 만들기도 쉽지. 이해되지?"

"네. 그런데 설명을 들어보니 점심에 해도 괜찮겠다는 생각이 들어요. 상사에게 혼나서 스트레스 호르몬이 분비됐을 때 스쿼트을 하는 거죠! 어때요?"

"스스로 생각하기 시작하다니, 좋은 변화야. 하지만 코르티솔이 분비된다면 언제든 상관없다는 말이 아니야. 어디까지나 자연스러운 생체리듬[22]을 따르는 게 좋아. 24시간의 생체리듬 중에서 아침이 제일 습관화 능력이 높고. 게다가 다른 사람 때문에 받은 스트레스로 인해 분비되는 코르티솔은 아무런 도움을 주지 않아."

"그렇군요. 그러면 아침이 제일 좋겠네요."

"그렇지. 그리고 아침에 습관을 들이기 위해서는 진행 방식도 중요해. 습관이 완전히 몸에 밸 때까지 단계를 세세하게 나눠야 하지. 가령, '여름까지 살을 5킬로그램 빼겠다'라는 목표는 효과적이지 않아."

"다들 체중 감량을 목표로 하잖아요. 특히 여름이 오기 전에요. 그게 왜 안 된다는 말이에요?"

"난 안 된다고 말하지 않았어. 효과적이지 않다고 했지. 자, 5킬로그램을 빼기 위해서 운동하는 습관을 들인다고 치자. 이때 많은 사람이 '5킬로그램'이라는 수치를 목표로 삼아. 그래서 5킬로그램을 감량하지 못하면, 그때까지의 모든 과정을 무의미한 걸로 치부하곤 하지.

하지만 그런 태도는 안 좋아. 원하는 체중을 정했다면, 구체적인 계획을 세워야 해. 예를 들어, 5킬로그램 감량을 원한다고 하자. 그러면 5킬로그램을 감량하기 위해 무엇을 얼마나 해야 할지 방향을 잡아. 그리고 방향이 정해지면 진행표를 만들고, 그다음에는 당장 해야 할 일에만 집중하는 게 좋아."

"원하는 체중은 단순히 숫자일 뿐이고, 무엇을 할지를 목표로 하라는 말인가요?"

"바로 그거야. 방향을 정하고 나면 눈앞의 과제에만 집중해. 이때 할 일을 세세하게 나누는 게 좋아."

"세세하게?"

"최종적으로 근력 운동 프로그램을 짜기 전에 단계를 세세하게 설정한다는 의미야. 쉽게 말해 작은 단계[23], 단기 목표를 세우는 거지. 내가 지난번에 갑자기 일찍 일어나고 운동까지 하라고 하면 넌 금방 무너질 거라고 말한 것, 기억하나?"

"똑똑히 기억하죠. 기분이 꽤 나빴으니까요."

"너는 일단 무엇이든 운동하는 습관을 들여야 해. 매일 아주 조금씩 습관을 들이고 하나씩 성공하면서 단계를 올리는 거야. 그 단계는 세세하면 세세할수록 좋아. 몸무게가 몇 그램 줄었는지에 집착하지 말고, 운동하는 일수를 늘리거나 하루에 10개 하던 스쿼을 11개로 늘리는 데 집중해.

목표를 세세하게 설정할수록 건강한 식습관을 잘 유지하고 체중도 20% 줄었다는 연구 결과도 있어. 그에 비해 크고 어려운 목표를 세웠거나 체중 자체를 목표로 삼았던 그룹은 오히려 체중이 늘었어. 동기부여가 지속되지 않았던 거야.

동기부여는 의지만으로 유지되지 않아. 앞으로 나아가는 중이라는 감각이 중요해. 따라서 아주 작은 부분이라도 성장한 부분을 찾으며 꾸준히 하면 습관 들이기가 쉬워. 거짓말이라도 괜찮아. 환상이어도 좋아. 나아간다는 감각만 있으면."

"거짓말이어도 된다고요? 환상이어도 좋고? 그러면 지난번에 알려준 동기부여 개선 도구 같은 건 필요 없지 않나요?"

"믿기 어렵지? 이 주제와 관련해 하버드 비즈니스 스쿨의 테레사 아마빌(Teresa Amabile) 교수팀이 재미있는 실험을 했어."

"어떤 실험이요?"

"어느 커피숍에서 두 종류의 적립 쿠폰을 준비했어. 하나는 도장 10개를 모으면 커피 1잔을 무료로 주는 쿠폰. 다른 하나는 도장 12개를 모으면 커피 1잔을 무료로 주는 쿠폰.

당연히 도장 10개를 모으는 편이 더 이득처럼 보이지? 그런데 사실 도장 12개를 모아야 하는 쿠폰에는 이미 2개의 도장이 찍혀 있었어. 즉, 실질적으로 두 쿠폰 모두 도장 10개를 모으면 커피 1잔을 무료로 주는 거였지. 자, 그렇다면 어느 쿠폰을 받은 그룹이 도장을 더 많이 모았을까?"

"음……. 비슷할 것 같은데, 굳이 그렇게 묻는 걸 보니 어느 한쪽이 확실히 앞섰나 보네요."

"태도가 마음에 들진 않지만, 뭐 괜찮아. 답은 12칸 쿠폰, 즉 2개의 도장이 미리 찍혀 있는 쿠폰을 가진 그룹이었어. 미리 찍힌 도장 2개는 어떤 의미로 환상이야. 내 노력으로 얻은 것이 아니니까. 하지만 참가자들은 그 덕분에 무료 커피에 더 가까워졌다는 느낌을 받았어. 그래서 동기부여가 오래 유지됐지. 이처럼 조금이라도 앞으로 나아간다는 느낌이 들면 원동력을 얻을 수 있어."

"오, 그렇군요."

"이 실험 결과만 봐도 앞으로 나아간다는 감각이 동기부여에 영향을 미친다는 사실을 알 수 있어. 바꿔 말하면 아무리 노력해도 나아간다는 느낌이 들지 않으면 힘을 잃기 쉬워.

바로 이런 순간에 직장인들이 의욕을 잃지. 아무리 열심히 일해도 내가 회사에 도움을 주는지 모르겠을 때, 내 실력이 그대로인 것 같을 때, 상사나 주변 사람에게 좋은 평가를 받지 못할 때, 월급이 제자리걸음일 때. 상상만 해도 의욕이 떨어지지?

앞으로 나아간다는 감각은 스스로 찾지 않으면 알 수 없어. 아까 5킬로그램 감량을 목표로 삼으면 실패했을 때 그 모든 노력을 무의미하게 본다고 이야기했지?"

"네."

"특히나 체중은 대각선을 그리며 쭉쭉 빠지지 않아. 빠지기 시작할 때까지 시간이 걸리고, 먹은 음식과 컨디션에 따라서 늘었다 줄었다 하지. 몸무게 자체를 절대적인 목표로 삼으면 위험한 이유가 바로 이 때문이야."

"어렴풋이 알 것 같아요. 하지만 제가 할 수 있을까 걱정되네요. 조금씩 해도 되는 거죠?"

"그런데 말이야."

"네?"

"너한테 확인하고 싶은 게 하나 있어. 갑자기 왜 의욕이 생겼지? 단지 내가 해준 이야기 때문에?"

'그러게. 내가 왜 살을 빼겠다고 결심했지?'

분명히 D의 말을 듣기 전까지 나는 체지방률도 몰랐고, 살을 빼겠다는 생각도 해본 적 없었다. 그런데 근력 운동을 한다니. 난 맹세코 탄탄한 근육질 몸매를 꿈꿔본 적 없는데. 의욕이 생긴 이유를 곰곰이 생각해보던 그때, D의 이야기가 머릿속을 지나가며 솔직한 내 마음이 느껴지기 시작했다.

"그야 한 번쯤은 이성에게 인기가 많았으면 좋겠고, 내 몸에 자신감도 갖고 싶어서요. 얼굴은 노력으로 바꿀 수 없지만, 체형은 바꿀 수 있잖아요. 당신한테 이런저런 얘길 듣고 나니 건강한 생활도 해보고 싶고요."

"그렇군. 습관을 들이는 데 중요한 동기부여 요소로는 크게

3가지를 꼽을 수 있어. 바로, 돈(경제 목적), 사회적 유대감(인간관계), 그리고 건강이야. 이건 큰 지점(big area)[24]을 말해. 작은 단계의 반대 개념이지.

단계를 너무 세세하게 쪼개면 근본적인 목적 자체를 잊어버릴 때가 있어. 앞으로 나아가는 게 의미 없어 보이고, 의욕도 사라질 때가 오지. 그러니까 때때로 '내가 무엇을 위해 이런 노력을 하고 있었더라?'라며 처음에 목표로 삼은 큰 지점을 되돌아보는 것도 중요해.

그렇다면 너의 동기부여 요소를 살펴볼까? 먼저 한 번쯤은 이성에게 인기가 많았으면 좋겠다고 했지? 이건 사회적 유대감에 해당해. 그리고 건강한 생활을 하고 싶다는 건 말 그대로 '건강'이 동기부여 요소지. 만약 목표를 향해 달려가다 길을 잃은 기분이 든다면 이 요소들을 떠올려봐."

의지력에는 한계가 있다

"사회적 유대감이라고 하니 떠올랐는데요. 제 고민 좀 들어주세요. 제가 지금 다니는 직장에서 더 열심히 일하자고 마음먹은 뒤로 많이 노력했거든요. 그 덕분에 새로 제안한 프로젝트도 통과돼서 리더 역할도 맡았고요. 그러다 보니 예전에 비해 훨씬 바빠졌어요. 반드시 해야 하는 일뿐만 아니라, 하고 싶은 일도 많아졌고요. 그런데 상사는 아직도 제가 한가하다고 생각하는지 계속 일을 떠넘겨요. 솔직히 지금도 저는 일에 파묻혀 지내는 중인데요……."

"시간도 없고 일도 많으면 못 한다고 거절하면 되잖아."

"말은 쉽죠. 당신은 프리랜서라 모르나 본데, 회사 분위기란 게 있어요. 저는 평범한 회사원이라서 거래처나 상사의 요구를 거절하기 어렵다고요."

"프리랜서라고 원하는 대로 자유롭게 사는 줄 아나? 프리랜서도 그런 관계는 꽤 있어. 오히려 비빌 언덕이 없는 프리랜서야말로 고객에게 NO라고 말하기 더 어렵지. 단가를 낮춰서 예스맨이 되는 경우도 많아. 각자 삶의 방식이 다를 뿐이야. 고충은 모두에게 있지. 아무튼 너는 상사의 요구를 거절하고 싶다는 거야, 거절하고 싶지 않다는 거야?"

"그야 부탁을 들어줄 수 있으면 좋지만, 정말 어려워요. 제가 일을 더 빨리하게 되면 괜찮아질까요?"

"사람은 누구나 에너지의 양이 정해져 있어. 일 처리 속도가 빨라지면 남의 일을 떠맡고 싶은가?"

"그럴 리가 없잖아요! 여유 시간이 생기면 제 일을 하고, 쉬고 싶어요. 남의 일은 절대 떠맡고 싶지 않아요. 하지만 어쩔 수 없이 해야 한다고요."

"어쩔 수 없이?"

"네, 상사의 부탁을 거절하면 관계도 불편해질 테고, 인사 고과에도 영향을 미치겠죠. 심지어 거래처에도 있어요. 저보다 나이는 어린데 툭하면 이것저것 부탁하는 녀석이. 일이라면 이해하겠는데 골프장 예약처럼 사적인 부탁도 해서……"

거절하고 싶은데 거절하지 못하는 한심한 내 모습, 그리고 무리한 부탁을 하던 사람들이 떠올라서 분한 감정이 솟구쳤다.

"일단은 왜 네가 NO라고 얘기할 수 없는지, 그 구조를 이해해야 해."

"구조……요?"

"거절하지 못하는 건 안 좋은 습관이야. 성격이 아니라 습관! 거절하는 기술, 사고의 방식을 모르기 때문이지. 그 기술과 사고의 습관이 몸에 배지 않아서기도 해. 다시 말하면 익숙하지 않은 거지."

"또 습관이라고요? 제 성격이 물러서 거절하지 못하는 거잖아요. 용기도 없고요. 용기와 의지력만 키우면 분명 거절할 수 있을 거예요."

"용기가 나지 않는다는 변명은 그만해. 너에게 필요한 건 용기가 아니야. 일단 해보는 실행력이지. 그리고 의지력이 약하다고? 그럼, 의지력을 키우는 방법이 있는지 한번 검색해봐. 본래 의지력은 무언가를 선택할 때, 결단을 내릴 때, 어떤 일을 해낼 때 필요한 힘이야. 게다가 영원히 퐁퐁 솟아나지도 않고 한계가 있어.

얼마 전에도 계속 이야기했는데 전혀 바뀌지 않았군. 너는 그

때도 '그 무엇도 해내지 못했고 의지력이 약하다'라고 했었지. 그 건 쓸데없는 곳에서 의지력인지 뭔지를 함부로 써버렸기 때문 아 닌가?"

D는 그렇게 말하더니 자리에서 벌떡 일어났다.

"나는 같은 말 여러 번 안 해. 내 조언이 마음에 안 들면 네가 하고 싶은 대로 하면 돼."

그렇게 말하고 D는 휙 돌아 공원을 떠났다. 나는 갑자기 펼쳐 진 상황에 황당하기도 했고 짜증도 나서 멀어지는 D의 뒷모습을 그저 바라만 봤다.

'내가 하고 싶은 대로 하면 된다고? 그렇게 할 거야. 지금까지 도 그랬으니까!'

근육이 너무 없거나 과하게 많으면 인기가 없다.

아침 루틴은 습관을 들이는 가장 효과적인 방법이다.

큰 지점(근본적인 목적)을 잊지 말고 작은 단계를 완수하라.

거절은 용기로
하는 게 아니야

공원에서 D와 티격태격한 지 벌써 10일이 지났다. 그날 공원에서 나설 때까지만 해도, 내가 하고 싶은 대로 하면서 보란 듯이 잘 지내겠다고 다짐했는데, 역시 인생은 뜻대로 풀리지 않는 법인가 보다.

내가 제안한 프로젝트는 시작한 지 얼마 되지 않았는데 지지부진한 상태다. 심지어 외부 발주에도 문제가 생겼다. 리더를 처음 맡은 나는 상사와 선배에게 상담하면서 고군분투하는 중이다.

그 영향……이라고 하긴 뭐하지만, 선배의 부탁거리가 늘었다. 선배에게 조언도 받았고 신세도 져서 차마 부탁을 거절할 수도 없다. 어쩔 수 없는 일이다.

'아, 이렇게 말했을 때 D가 잔소리를 했었지. 녀석은 이런 경험을 한 적이 없는 걸까. 어쩔 수 없다고 생각하며 스스로 다독이는 것 말고 다른 방법이 있을까.'

토요일이지만 무료했던 나는 자연스럽게 공원으로 향했다.

언제나 D를 만나던 장소에 도착하니 어슬렁거리며 명상을 하고 있는 D의 모습이 눈에 들어왔다. 그 모습을 보자 신기하게도 반가운 마음이 들었다.

"오늘도 여전히 수상해 보이네요!"

나는 겸연쩍은 마음을 숨긴 채 그에게 말을 걸었다. D는 순간 멈칫했지만, 내 쪽을 보지 않고 또다시 걷기 시작했다.

나는 한층 더 큰 목소리로 말했다.

"결국 의지력을 강하게 만들 수 없었어요! 거절할 용기가 생기길 간절히 바라며 기다렸는데, 결국 일만 더 늘어나고 말았어요. 처음으로 부탁할게요. 어떻게 하면 좋을지 가르쳐주세요."

그러자 D는 내게 다가와 물었다.

"오늘은 몇 시에 일어났지?"

"늘 똑같이 7시 30분에요. 일어나자마자 커튼 걷고 팔굽혀펴기 3번 하고 샤워했어요."

D는 나에게 앉으라는 듯이 땅바닥을 가리켰다.

"우리는 누군가에게 NO라고 말할 때 죄책감을 느껴. 만약 죄책감이 없었다면 인류에게 '서로 돕는다'라는 개념도 없었을지 몰라. 부탁을 거절했을 때 느끼는 죄책감 덕에 인류는 이토록 방대한 사회를 구축할 수 있었지."

"그런가요? 죄책감이 본능적인 감정이라면 웬만한 용기와 의지력으론 NO라고 말할 수 없겠네요."

습관적으로 튀어나온 '용기'와 '의지력'이라는 단어에 D는 나를 노려보았다.

"물론 자연스러운 감정을 떨쳐내기란 꽤 어려워. 하지만 NO라고 말해도 손해 보지 않는다면 거절을 못 할 이유는 없지."

"손해 보는 일 있어요. 자유롭게 사는 당신에겐 없을지 몰라도, 적어도 저는 손해를 본다고요. 어떤 손해를 보는지 구체적으로 말해볼까요? 먼저 선배에게 조언을 구할 수 없어요. 제가 선배의 부탁을 거절한다면 앞으로 제게 조언해주지 않을 거예요. 그리고 상사에게 눈치 없는 녀석으로 찍히겠죠. 그런데 이 얘기는 지난번에도 했잖아요."

"네가 그렇게 착각하고 있을 줄 알았어. 일전에 비기능적 행동에 관해 얘기한 적이 있을 텐데, 이번에는 비기능적 사고[25]에 관해 얘기해주지.

NO라고 말하기 어려운 이유는 비기능적 사고 때문이야. 비기능적, 즉 기능적이지 않은 생각 때문에 거절을 못 한다는 관점이지. 호주 정부는 💡Work 4 7가지 비기능적 사고(149쪽)를 토대로 거절하는 방법도 정리했어. 정부가 이런 방법까지 알려준다니, 놀랍지 않나? NO라고 말하기 어려운 이유와 거절하는 방법까지 정리했다고. 그 마음을 위로하면서 말이야."

"오, 정말요? 어떤 방법인지 궁금하네요."

"이때 중요한 건 비기능적 사고를 본인이 깨달아야 해."

"비기능적 사고를 본인이 깨달아야 한다……"

"그럼 하나씩 살펴볼까? 첫 번째 비기능적 사고! NO라고 말하는 것은 무례하고 공격적인 행동이다."

나는 서둘러 스마트폰의 메모장을 켰다.

"무례…… 아니, 그보다 실례라고 생각해요. 상대방이 고민도 자주 들어주고 제게 친절하게 대해주었다면 특히 더요."

"그게 바로 비기능적 사고야. 그 사실을 깨달아야 해. 거절은 누구나 가진 권리야. 그저 상대방에게 '하지 않겠습니다'라고 말하는 것뿐이라고. 경솔하게 부탁을 수락하고선 나중엔 못하겠다며 변명을 늘어놓는 경우도 많아. 그러면 도리어 주변에 민폐를 끼칠 뿐이지."

"하지만 내가 어떤 부탁을 했을 때, 상대가 바로 승낙하면 기분이 좋긴 하잖아요."

"그럼 너는 상대방의 기분이 좋아지라고 부탁을 들어주는 건가? 굉장히 할 일 없는 사람이군."

"아니라고요!"

"자, 두 번째 비기능적 사고. NO라고 말하는 것은 불친절하고 자기중심적인 행동이다."

"이건 맞는 말 아닌가요?"

"이봐, 지금 옳다 그르다를 따지는 게 아니야. 비기능적 사고를 말하는 중이지. 협조성이 너무 좋은 사람, 다시 말해 다른 사람의 의견을 잘 따르는 사람은 YES라는 대답을 중요하게 생각해. 그래서 NO라고 말하면 상대가 자기를 불친절하다고 평가하리라 생각하지. 그러다 보니 때론 거절하지 못하고 모호하게 대답하거나 대답을 질질 끌곤 해.

불친절하고 자기중심적인 사람은 거절하는 사람이 아니야. 상대방이 반드시 내 부탁을 들어주리라고 믿는 사람이지. 그리고 하고 싶지 않으면서 어중간한 대답으로 상대방을 곤란하게 만드는 게 훨씬 더 피해를 주는 행동이야."

"상대를 곤란하게 만들 생각은 전혀 없어요. 단지 거절은 불친절한 행동이라고 생각하기 때문에 어떻게든 맞춰보려는 거예요. 상대방을 배려해서요. 그게 나쁜가요?"

"그럼 상사에게 술자리 제안을 받았다고 해보자. 장소는 인원수 제한이 있는 곳이야. 그런데 마침 그날 너는 다른 일정이 있어. 너는 상대를 배려하는 마음으로 '일정을 조정해볼게요'라면서 모호하게 대답하겠지? 그러면 상대방은 어떻게 되지? 마냥 네 대답만 기다릴 거 아냐."

"최대한 참석하려고 일정을 조정하는 거잖아요!"

"NO라고 답할 확률은 얼마나 되지?"

"아마도 50%……?"

"네가 그 자리에서 거절하면 상대방은 바로 다른 사람에게 가자고 말할 수 있어. 거기까지 생각해본 적 있나?"

쉽게 입이 떨어지지 않았다.

"그리고 세 번째 비기능적 사고. NO라고 말하면 상대가 상처받거나 무시당했다고 생각할 것이다. 이런 생각이 든다면 친절하게 설명하면 돼. 가령, '불러주셔서 감사합니다. 그런데 사람이 많은 자리는 부담스러워서요. 죄송하지만 이번에는 빠질게요. 인원수가 더 적을 때 불러주세요'라고 자기 뜻을 밝히는 거야. 상대를 무시해서 거절하는 게 아니라고 확실히 설명하는 거지."

"그렇군요. 상대의 기분을 상하지 않게 하려면 화법이 중요하겠네요."

"그래. 다음으로, 네 번째 비기능적 사고. NO라고 말하면 상대가 날 싫어할 것이다. 정말 많은 사람이 하는 생각이지. 그런데 이 생각이야말로 근거가 전혀 없어. 오히려 거절했다고 날 싫어할 사람이라면 안 만나는 게 나아."

"머리로는 알겠어요. 저도 처음에는 '거절해도 날 싫어하진 않을 거야'라고 생각하기는 해요. 하지만 얼마 못 가서 '날 다시는 안 불러주면 어쩌지? 나를 별로라고 생각하지 않을까?'라는 걱정이 들어요."

"재미있는 건 말이지. 네가 거절했을 때 상대방도 같은 생각을 할 수 있다는 점이야. 어떤 부탁을 받았는데 네가 NO라고 답했다고 해보자."

"그러면 상대방도 제가 자기를 싫어해서 부탁을 거절했다고 생각할 수 있다고요?"

"그래. 아니면 자기가 별로라서 그렇다거나."

"생각해보니 그렇네요. 제가 부탁했는데 상대방이 거절하면 '왜 안 해주지? 날 싫어하나? 내가 별로라서 그런가?'라고 생각할 것 같아요.”

"결국 둘 다 똑같다는 뜻이야. 그렇다고 상대방의 마음에 들려고 YES라고 말할 순 없잖아. 다음, 다섯 번째 비기능적 사고. 남의 요구가 내 요구보다도 중요하다.”

"저는 남에게 부탁하는 건 어려워서 되도록 안 해요. 하지만 다른 사람의 부탁은 거절하지 못하죠. 그 이유가 내 요구보다 남의 요구를 중요하다고 생각해서 그런 거라고요?”

"그래. 사실 누가 나에게 부탁하면 나도 똑같이 상대에게 부탁해도 돼. 보답의 법칙²⁶이지. '나는 친절한 마음으로 당신의 부탁을 들어줬다. 나도 마침 당신에게 부탁이 있다. 도와줄 수 있나?'라며 부탁하는 거야.

이렇게 '내가 부탁을 들어주면 당신도 내 부탁을 들어달라'라고 접근하면 손해를 보지 않아. 보통 이런 상황에서는 상대방에게 거절할 수 없는 심리가 작용하거든. 설령 상대방이 상사나 거래처 직원이라고 해도.”

"와, 그런 방법은 생각해본 적 없어요. 상사나 거래처 직원에게 내 부탁도 들어달라고 요구하다니. 그런 뻔뻔한 짓을 해도 괜찮을까요?”

"방금 말했잖아. 상대방이 쉽게 거절할 수 없다고. 나를 믿고 일단 해봐.”

"알겠어요.”

"여섯 번째 비기능적 사고. 나는 늘 남을 기쁘게 해줘야 한다.

다른 사람의 얼굴을 어둡게 만들기 싫다고 생각하는 거지. 이런 사람도 의외로 많아. 결혼 생활에 실패하는 원인 중 하나가 '배우 자가 나를 행복하게 해줄 것이다'라는 착각 때문이라고 해. 내 행복을 나 말고 다른 누군가에게 맡기면 안 돼. 무엇보다 나를 희생하면서까지 남을 기쁘게 해줄 필요가 전혀 없어."

"음, 그렇군요."

"마지막으로 일곱 번째 비기능적 사고. 작은 일에 NO라고 말하는 것은 인색하고 속이 좁은 행동이다."

"하하하. 이건 특히 후배나 친구의 부탁에 NO라고 말할 때 느껴요. '이 정도라면 해줘도 되지 않나' 싶기도 하고요. 때론 '나를 좀생이로 보지 않을까?'라고 걱정하기도 해요. 이런 걱정 자체가 비기능적 사고라는 이야기죠?"

"맞아. 정확해."

거절을 못 하게 만드는 7가지 생각

D의 이야기를 들으며 정리한 메모장을 다시 들여다봤다.

다른 사람에게 NO라고 말할 때 느끼는 '비기능적 사고' 7가지
① NO라고 말하는 것은 무례하고 공격적인 행동이다.
② NO라고 말하는 것은 불친절하고, 자기중심적인 행동이다.

③ NO라고 말하면 상대방이 상처받거나 무시당했다는 기분이 들 것이다.

④ NO라고 말하면 상대방이 날 싫어할 것이다.

⑤ 남의 요구는 내 요구보다 중요하다.

⑥ 나는 늘 남을 기쁘게 해줘야 한다.

⑦ 작은 일에 NO라고 말하는 건 인색하고 속이 좁은 행동이다.

"그래서 이걸 안 다음에 어떻게 하면 되는데요?"

"이런 생각이 하나라도 떠오르면 일단 잘못된 사고라는 사실을 깨달아야 해. 이것이 거절하기 위한 첫 번째 단계야. 그런 다음에는 비기능적 사고를 기능적 사고로 바꿔야지."

"그러면 쉽게 NO라고 말할 수 있나요?"

"일단 들어봐. 비기능적 사고가 떠오르면 그것에 반박해봐. 예를 들어, NO라고 말하면 상대방을 존중하지 않는 기분이 들지. 이건 '무례하다'에 해당해. 그러면 이제 그 비기능적 사고에 반박해보는 거야. 내가 상대방을 존중하지 않았나? 아니야. 상대의 요구를 거절했을 뿐이야. 상대에게 무례하게 군 게 아니라 단지 요구를 받아들일 수 없었을 뿐이라고 자신에게 정확히 설명해.

누구든 YES라고 말할 때가 있는가 하면, NO라고 말할 때도 있어. 민주주의 사회에서는 어떤 선택을 하든 자유잖아. 내 부탁을 거절한 사람을 탓할 권리가 내게 없듯이, 상대방에게도 날 탓할 권리는 없어. 이렇게 논리적으로 비기능적 사고를 깨는 습관을 들이는 게 중요해.

꼭 기억해. 누구에게나 부탁할 권리도, 거절할 권리도 있어. 나는 누가 '부탁해도 되나요?'라고 물으면 '그럼요. 다만, 부탁을 들어드릴지 말지는 제 자유입니다'라고 말하곤 해.

상대의 부탁을 확실히 거절하고 싶다면 자신의 비기능적 사고를 깨닫도록 해. 그리고 그렇게 생각하는 이유를 파악해서 없애는 거야. 일단 이 훈련을 2,3주 동안 해봐."

"후……. 알겠어요. 그렇지만 전 당신처럼 말할 자신이 없어요. 저에게도 당당하게 말할 수 있는 날이 올까요?"

"이렇게 걱정이 많아서야, 원. 내가 널 위해 한 가지 정보를 더 알려줄게. 미국 미네소타주에 메이오 클리닉이라는 유명한 병원이 있어. 2018년에 그곳은 과거의 문헌을 정리해서 NO라고 말하기 위한 핵심 비법 8개를 공개했어.

호주와 미국에서도 거절하는 방법을 연구했다니, 어쩌면 거절을 어려워하는 마음은 인간의 특징일지도 몰라. 아무튼, 메이오 클리닉의 정리 문건에는 NO라고 말해도 죄책감을 느끼지 않는 정신력을 만들어야 한다고 나와."

"NO라고 말해도 죄책감을 느끼지 않는 정신력이요? 그게 가능한가요?"

"넌 NO라고 말하면 손해를 본다고 했지. 분위기 파악 못 하는 사람으로 찍힐 거라고도. 그리고 너를 싫어할 거라는 불안한 감정도 든다고 했고."

"네, 특히 친구들이 만나자고 할 때 거절하면 걱정이 많이 돼요. 다시는 안 불러줄까 봐 불안하고."

"그게 바로 네가 생각하는 NO라고 말할 때의 단점이야. 그러면 YES라고 말할 때의 단점은 뭐지?"

"YES라고 말할 때의 단점이요? 장점이 아니라?"

"흠, 그럼 장점부터 말해볼까?"

"어디 보자……. 부탁을 들어주면 절 좋은 사람이라고 생각하겠죠. 친절하다거나 실력자라고 생각할 수도 있고요."

"NO의 단점과 YES의 장점은 찾았어. 그럼, NO라고 말할 때의 장점과 YES라고 말할 때의 단점은 뭐지?"

"부탁을 들어줄 때의 단점 말이죠. 음……. 뭘까요?"

"우리는 NO라고 말할 때의 단점은 생각하지만, YES라고 말할 때의 단점은 별로 생각하지 않아. 즉, NO의 단점과 YES의 장점만 비교하는 셈이지. 당연한 얘기지만, 이러면 YES만 장점이 있는 것 같잖아. 그러니까 NO라고 말할 수 없는 거야. 그렇게 예스맨이 되는 거지."

"아! 정말 그렇겠네요. YES라고 말했을 때의 단점이라……. 한 번도 생각해보지 않았어요."

"누구나 YES라고 말하는 게 더 쉬워. 그래서 장단점을 정확히 비교하는 습관을 들여야 해. 물론 모든 부탁을 거절하고 인간관계를 망치라는 말이 아니야. 부탁을 들어줬을 때의 단점이 떠오르지 않으면 예스맨의 단점을 떠올려봐. 그건 네가 절실히 느끼고 있지? 그동안 계속 YES를 외쳤잖아."

"네, 한두 번 YES라고 말하면 모를까……. 예스맨이 되면 눈코 뜰 새 없이 바빠져요. 온전한 내 시간은 사라지고, 부탁을 들어주느라 지치고 말죠."

"맞아. 늘 YES만 말하면 스트레스가 엄청나게 쌓여. 자신을 스트레스의 희생양으로 삼으면서 예스맨을 하는 셈이지. 어때, 이렇게 생각하니 거절할 용기가 샘솟지?"

"아뇨……. 자신을 스트레스의 희생양으로 삼는다는 말은 충격적이지만, 그렇다고 거절할 용기는 나지 않아요."

NO라고 말하기 위해 준비해야 할 4가지

"거절하는 데 용기 따윈 필요 없어. 거절하기 위해 준비해야 할 것은 크게 4가지야. 첫 번째는 우선순위를 확인하기. 어떤 부탁을 받으면 먼저 '이 부탁은 나에게 얼마나 중요한가? 더 중요한 일은 없는가?'라고 스스로 물어보는 거야. 우선순위를 기준으로 대답을 정하는 거지."

"나한테 중요하지 않아도 상대방에게는 중요한 일이잖아요. 아마도요. 그러니까 부탁하겠죠. 중요한 일이 아니라면 굳이 부탁하겠어요?"

"예스맨은 그런 식으로 자신에게 중요한 일을 뒤로 미루고 부탁을 들어주려고 해. '얼마나 중요한 일이면 나에게 부탁했을까?'라면서 상대방 시각에서 바라보지.

　YES라고 말할 때의 장점도 그래. '좋은 사람이라고 생각하겠지', '이걸 해주면 기뻐하겠지'라며 늘 상대방의 입장을 마음대로 상상하지. 그게 얼마나 바보 같은 일인 줄 알아? 부탁하는 사람은 네게 거절당할 가능성도 고려하고 있어. 네가 거절해도 상대방에게는 다음 대책이 있다고. 그런데도 너는 중요한 일까지 미루면서 부탁을 들어주려고 하잖아."

　"거절당할 가능성을 고려한다고요? 정말 그럴까요? 말은 '부탁'이라고 하면서 거절할 리 없다고 확신할 것 같은데요."

　"그럼, 시험 삼아 거절해보면 어때? 네가 거절했을 때 상대방의 반응을 보면 어느 정도 기대했는지 알 수 있잖아."

　"네? 거절하기 어려우니까 당신한테 방법을 묻고 있죠."

　"아무래도 내 조언이 마음에 안 드는 모양이군. 혹시 듣고 싶은 답을 정해놓은 건가? 내 조언을 받아들이지 못하겠다면 앞으로 나에게 상담을 요청하지 마. 알겠어?

　상대가 선배든 상사든 신세를 진 사람이든, 거절하면 안 되는 존재는 없어. 한 번 거절해서 끝날 사이라면 그 관계는 이미 진작에 끝난 거야.

　부탁을 거절하면 상대방이 화낼 거라고? 애초에 부탁하는 쪽은 상대방이야. 만약 부탁을 들어주지 않는 사람에게 '넌 왜 내 부탁을 안 들어줘?'라며 화낸다면 그 사람의 성격이 모난 거야. 부탁을 거절했다고 화를 내는 사람이 과연 정말로 소중한 존재일지 생각해봐."

나는 D의 말에 반박할 수 없었다. 부탁을 거절했다고 화낼 권리는 누구에게도 없다. 하지만 만약 상사가 화를 낸다면……. 그 상사는 내게 소중하지 않은 존재겠지만, 어쩌면 난 직장을 잃을지도 모른다.

"상사는 소중하지 않지만 제 일은 소중해요."

D는 잠시 조용히 나를 쳐다보더니 다시 입을 열었다.

"거절하는 기술은 이따가 설명해줄게. 그때까지 내 이야기를 계속해서 들어줄 수 있겠어?"

나는 고개를 끄덕였다.

"NO라고 말하기 전에 준비해야 할 두 번째는 YES라고 답했을 때의 장점과 스트레스 수준 비교하기. 부탁을 들어줬을 때 얻게 될 장점만 생각하지 말고, 스트레스는 어느 정도일지 충분히 고려해야 해. 즉, 선배나 상사의 부탁을 수락했을 때의 장점과 네가 받을 스트레스를 비교하는 거야. 글로 적어도 괜찮아.

부탁을 들어줄지 말지 고민하는 이유는 마음에 걸리는 부분이 있어서야. 경솔하게 부탁을 수락하고 나서 후회할 때가 있지? 그때를 떠올려봐.

세 번째는 불필요한 죄책감과 의무감 확인하기. 대답하기 전에 상대방에게 불필요한 죄책감이나 의무감을 느껴 결정한 건 아닌지 확인해야 해."

"아!"

딱 내 이야기 같아서 나도 모르게 소리가 나왔다.

"거절하기 어려운 가장 큰 이유는 죄책감 때문이야. '늘 신세를 지고 있고, 사회생활을 하려면 어쩔 수 없잖아'라는 마음은 의무감이고. 죄책감과 의무감으로 어리석은 결정을 내리면 안 돼. 만약 이것들이 없다면 어떻게 대답할까? 그래도 YES라고 말하고 싶다면 부탁을 들어줘도 괜찮아. 하지만 실제로는 어떨까?"

"YES라고 안 하죠. 죄책감과 의무감을 지운다면 굳이 부탁을 안 들어줄 것 같아요. 안 그래도 바쁜데."

"그렇지. 그 마음을 기억해. 마지막으로 네 번째는 시간 갖기. 즉시 대답하지 않을 것! 적어도 하루 정도는 고민하도록 해. '확인할 일정이 있습니다', '조정하는 데 하루만 주세요'라고 말해봐. 가능하다면 최대한 기간을 넉넉히 받는 게 좋아.

시간이 많아야 앞서 말한 사항들을 충분히 생각할 수 있으니까. 게다가 좋은 인상을 줘야 한다는 부담감에서 벗어날 수도 있어. 단, 모호하게 답하란 뜻은 아니야.

유용한 팁 하나 더! 직접 마주한 상태에서 부탁을 거절하기는 어렵잖아. 그래서 시간을 갖는 게 중요해. 물리적 거리도 둘 수 있으니까. 만약 문자나 메일로 대답해도 괜찮다면 그 방법을 활용하는 편이 좋아. 가령 같은 회사 사람이 부탁했다면 잠깐이라도 그 사람과 떨어질 시간을 만들어. 화장실에 가도 좋아. 대답은 그다음에 하도록."

D의 말이 끝나고 메모장을 보았다.

거절하기 전에 준비해야 할 4가지
① 우선순위 확인하기
② YES라고 말할 때의 장점과 스트레스 수준 비교하기
③ 불필요한 죄책감과 의무감 확인하기
④ 시간 갖기. 즉시 대답하지 않기

간결하게 정리된 항목들을 보니, 그동안 내가 거절을 어려워한 이유가 눈에 들어왔다. 나는 불필요한 죄책감과 의무감에 휘둘리는 편이었다.

"그런데 지금까지 한 번도 거절한 적 없는 제가 갑자기 NO라고 답할 수 있을까요? 상상만 해도 난처한데. 갑자기 변하기는 어려울 듯해요."

D는 하늘을 잠시 바라보다가 나에게 말했다.

"그래. 단, NO라고 말했다가 다시 YES라고 답하는 멍청한 일만큼은 하지 마. 일단 거절할 수 있게 마음을 단련시키자.

다음 주에는 비기능적 사고를 깨닫고, 그것을 기능적 사고로 바꿔서 적어봐. 그것만 해도 거절에 대한 거부감이 꽤 없어질 거야. 즉, NO라고 말해도 무거운 마음이 들지 않을 준비가 되는 셈이지. 그렇게 인식이 바뀌기 시작하면 실행으로 옮겨봐. 8주 정도 적으면서 훈련하면 잘못된 인식이 바뀐다는 여러 연구 결과가 있

어. 너도 2~3주 정도면 거절에 대한 부담감이 사라지고, 8주 후에
는 가벼운 마음으로 NO라고 말할 수 있을 거야.”

NO라고 말할 수 없는 이유는
습관화된 '비기능적 사고' 때문이다.
NO라고 말했을 때의 장점과
YES라고 말했을 때의 단점을 생각해보라.

왜 항상 시간이
없을까?

또 D가 새로운 과제를 주었다. 비기능적 사고를 기능적 사고로 바꿔 적기! 그런데 8주 동안 계속하라니, 맙소사.

"여러 가지를 가르쳐줘서 정말 고마워요. 덕분에 운동도 시작하고, 균형 잡힌 식사도 하면서 더 건강해졌어요. 그런데 지금 저는 정말로 시간이 없어요. 다들 시간을 잘 써야 한다고들 하잖아요. 하지만 전 효율적으로 못 쓰는 것 같아요. 일하는 게 느린 편이라 24시간으로는 부족하다는 생각도 들고요."

"질문 하나 해도 되나?"

"네."

"넌 지금 최대한 많은 일을 하고 싶나? 아니면 대단히 많은 일을 쉽게 해내는 사람이 되고 싶나?"

"당연히 후자죠. 하지만 해야 하는 일이 계속 늘어나고 있다고요. 물론 제가 NO라고 말할 수 있으면 좋겠지만, 당장은 그것도 어렵고. 여기서 당신의 과제까지 늘어난다면 정말……."

"네가 방금 시간을 효율적으로 쓰지 못한다고 말했지. 24시간으로는 부족하다고."

"네, 그게 왜요?"

"보통 시간을 효율적으로 배분해야 한다고 생각할 거야. 시간을 낭비하지 않기 위해. 안 그런가?"

"맞아요. 저도 시간을 쪼개서 주어진 일을 최대한 해내려고 애쓰는 중이에요."

"시간이 부족하다는 생각에 어떻게든 시간을 만들려고 하는 거군. 그런데 우리가 시간에 대해 잘못 인식하고 있는 건 아닐까? 사실 시간은 충분한데 없다고 느낄 수도 있잖아. 한번 생각해보자. 가령 너처럼 일을 잘하지도 않고, 실제로 자유 시간을 만들 수 있는데 '시간이 없다'라고 느끼는 거라면? 반드시 해야 한다고 생각한 일을 자세히 들여다봤더니 전혀 할 필요 없는 일이라면? 또 화난 표정이네. 짜증 나나?"

"당신의 직설적인 화법에 조금 적응하긴 했지만, 여전히 기분은 안 좋네요. 저를 비웃으면서 당신은 즐거워 보이니까요."

"비웃을 생각은 털끝만큼도 없어. 그냥 사실대로 말할 뿐이야. 세상에는 너보다 수백 배 많은 일을 해내고, 수백 배 돈을 버는 사람도 많아. 심지어 그 많은 업무를 처리하고도 하루 1시간 정도는 여유롭게 보내는 사람도 있어. 반대로 자유 시간이 많은데도 바쁘다고 하면서 이도 저도 못 하는 사람도 있고."

"일하는 방식이 문제일까요? 전 간단한 기획서나 전표 쓰는 일도 오래 걸려요. 뭐든 쉽게 해내는 사람이 정말 부러워요. 일을 척척 잘하면 얼마나 편할까 싶고요. 전 왜 그러지 못할까요? 역시 시간을 효율적으로 쓰지 못하는 게 가장 큰 원인 같아요."

"그렇지 않아. 내가 말하려는 바는 그게 아니야. 시간을 어떻게 느끼는지가 중요하다는 얘기야. 시간은 모두에게 똑같이 주어지지? 고위 공직자도, 억만장자도, 사회 초년생도 모두 하루는 24시간뿐이야. 하지만 실제로 느끼는 시간의 풍족함은 사람마다 다르고, 그에 따라 시간에 대한 해석도 달라져.

똑같은 와인을 담은 두 병에 서로 다른 라벨을 붙이면 맛을 다르게 느낀다는 이야기 들어봤어? 이러한 '인지의 왜곡[27]'이 시간에도 나타난다고 생각해. 즉 시간에 대한 인식이 왜곡되어 시간을 바르게 느낄 수 없다는 말이지. 너는 한 달에 어느 정도 야근을 하고 있지?"

"지금은 일이 많아서 휴일 출근까지 치면 한 달에 45시간 정도요. 더 줄이고 싶은데, 그러면 성과를 낼 수 없겠죠."

"과연 그럴까? 흔히 일하는 시간을 줄이면 성과를 낼 수 없다고 생각해. 하지만 실제로는 아무런 영향이 없다는 연구 결과가 있어. 심지어 40세 이상의 경우, 일주일에 25시간 이상 일하면 인지 기능에 부정적인 영향을 미친다는 연구 결과도 있지."

"네? 정말요?"

"호주 멜버른대학의 연구 기관이 40세 이상 남녀 6,000명을 대상으로 한 연구야. 결과에 따르면 여성에게 가장 적절한 근무 시간은 일주일에 22~27시간이고, 남성의 경우 25~30시간이었다고 해.

심지어 일주일의 근무 시간이 50~60시간을 넘어가면 전혀 일하지 않은 사람과 비슷한 수준의 인지 기능 저하가 일어났지. 오랜 시간 일해도 성과가 나지 않는 셈이야. 즉, 일을 잘하는 사람은 하루 5시간 이하로 일한단 뜻이지.

흔히 오래 일해야 성과를 낼 수 있다고 생각하잖아. 이는 잘못된 생각이야. 현실은 오래 일할수록 인지 기능이 저하될 뿐이지. 일의 성과는 '인지 기능×시간'으로 나타나. 만약 일정 시간을 넘어가면 성과의 수준이 내려가지. 오래 일하면서 시간만 버리느니 차라리 쉬고 나서 다시 일하는 편이 좋아."

"하지만 저는 아직 서른 살인걸요. 그러니 조금 더 오래 일해도 괜찮죠?"

"뭐, 그렇긴 한데……. 성과를 내기 가장 좋은 상태를 유지하려면 30시간 정도, 최대 35시간 정도 일하는 게 좋아. 기복 없이 성과를 내고 싶다면 35~40시간이 한계야. 그 시간을 넘기면 성과의 수준이 떨어질 수 있어.

요즘 사람들은 시간이 없다고 입버릇처럼 말하지만, 들여다보면 일의 문제인 경우가 많아. 실제로 너의 업무량도 성냥갑에 사과를 욱여넣는 것처럼 터무니없이 넘치거나, 또는 아까 말했듯 반드시 해야 하는 일은 아닐지도 몰라."

내가 '시간 기근'이라고?

D의 말을 듣고 갑자기 혼란스러워졌다. 나 역시 '바쁘다', '시간이 없다'라는 이야기를 자주 했다. 그런데 정말로 시간이 없는 걸까?

"결국……."

나는 후 하고 한숨을 길게 내쉬고 다시 말했다.

"효율적으로 일하는 기술을 익힐 필요도, 시간을 만들 필요도 없다고요? 하지만 좋은 성과를 내려면 일하는 시간을 줄여야 한다면서요. 일하는 방식을 바꾸지 않고 시간만 줄인다면 정말로 일이 안 끝날 텐데요."

"시간 관리와 관련해 최근 사회심리학 분야에서 새롭게 떠오르는 개념이 있어. 바로 '시간 기근[28]'과 '시간 오염[29]'이야. 기근이란 굶주림을 뜻하잖아. 즉, 시간 기근은 시간이 매우 부족하다고 느끼면서, 더 많은 시간을 갈망하는 현상을 말해. 많은 현대인이 느끼는 현상이지."

"딱 제 얘기네요."

"1999년, 미시간대학의 레슬리 펄로(Leslie A. Perlow)라는 사람이 논문에서 이 용어를 처음으로 사용했어. 1999년에도 '할 일은 많은데 시간이 부족하다'라고 느끼는 사람이 있었다는 얘기지.

오늘날에는 메일과 SNS로 바로 연락을 주고받고, 집이나 직

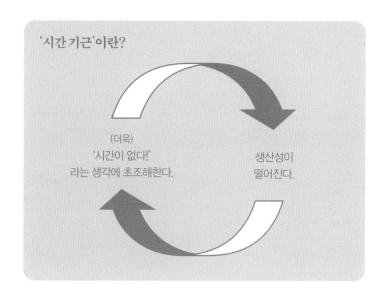

'시간 기근'이란?

(더욱)
'시간이 없다!'
라는 생각에 초조해한다.

생산성이
떨어진다.

장뿐 아니라 이동 중에도 스마트폰으로 손쉽게 메시지를 주고받아. 온라인 쇼핑을 하면 다음 날 바로 물건이 도착해서 오래 기다리지 않아도 돼. 이처럼 빨리할 수 있는 일이 늘어난 덕에 '시간이 없다'라는 감각을 더 강하게 느낀다고 볼 수 있어. 하루에 처리할 수 있는 일이 늘어났고, 그만큼 많은 일을 해치우고 싶어지니 계속 시간이 부족하다고 느끼는 셈이지. 그런데 같은 대학의 2000년, 2002년의 추가 논문에서 시간 기근이 생산성을 현저히 감소시킨다는 사실이 밝혀졌어."

"시간 기근, 즉 부족한 시간 때문에 생산성이 낮아진다는 뜻이죠? 시간이 없으니까 해야 할 일을 못 해서요."

"아니야. 시간이 없다는 생각 때문에 초조해져서 생산성이 떨어진다는 뜻이야. 생산성이 떨어지면 일을 빨리 끝낼 수 없지. 결국 시간이 부족하다는 생각과 초조함은 더 강해져서 악순환이 반복돼. 물론 객관적으로 처리해야 할 일이 너무 많거나 시간이 부족한 경우는 별개지만. 그런데 너의 업무량은 너무 많지도 않고, 시간이 부족한 것도 아니잖아."

"또 비꼬시는 건가요?"

"하하하, 그럴 리가. 어차피 해야 할 일은 정해져 있어. 그러니 시간이 충분하다고 생각해봐. 그러면 일도 효율적으로 할 수 있고, 시간도 유용하게 쓸 수 있을 거야. 앞으로 '시간만 더 있었으면 다른 것도 해볼 텐데'라는 생각은 그만해. 시간은 충분해!"

시간이 없다는 착각에서 벗어나려면

"갑자기 시간 기근에서 벗어나라고 해도 힘들어요. 그렇게 쉬운 일이라면 사람들이 괴로워하지 않았겠죠. 그리고 제 업무량이 많지 않다고요? 시간은 충분하다고요? 술에 얼큰하게 취하면 '난 시간 완전 많아!'라고 헛소리할지도 모르겠네요. 그런데 맨정신에는 꿈속에서도 그런 말 안 할 걸요.

아! 그러고 보니 시간에 쫓기는 꿈을 꾼 적 있어요. 꿈에서 서류를 제출해야 하는데, 마감 시간까지 다 작성하지 못해서 땀을 뻘뻘 흘렸거든요. 그런데 갑자기 땀이 바다가 되더니, 제가 거기에 빠져서 허우적거리다 익사할 뻔했다니까요. 얼마나 초조하고 불안했던지. 아직도 그 꿈만 떠올리면 땀이 나요."

"하하하, 재미난 꿈을 꿨네. 나도 흥미로운 이야기를 해줄게. 2015년, 노스캐롤라이나주에 있는 듀크대학에서 시간 기근에 관한 연구를 발표했어. 123명의 남녀를 대상으로 한 연구였지. 먼저, 참가자들에게 돈이나 일로 문제가 생긴 경우를 상상해보라고 했어. 그 뒤 인간의 시간 기근 감각이 어떤 식으로 일어나는지를 조사했지.

나중에 결과를 봤더니, 목표 지점에 대한 콘플릭트[30]가 커질수록 초조한 마음이 생겼대. 참고로 '콘플릭트(conflict)'는 '갈등', '상충하다'라는 뜻을 가진 단어야."

"콘플릭트? 처음 듣는 단어예요. 그냥 우리말로 하면 안 되나요? 그냥 '갈등'이라고 말하면 되잖아요."

"영어 단어에는 여러 의미나 배경이 존재하는 경우가 많아. 콘플릭트라는 단어 역시 갈등이라는 뜻도 있지만, 상충이라는 뜻도 있어. 네가 우리말로 바꿔 이해하는 건 상관없지만, 나는 되도록 연구 결과를 온전히 전달하고 싶으니까 영어를 쓸 테야."

"네네, 알겠어요. 하지만 단어를 외우지 못하면 기억할 수 없잖아요."

"단어를 외우려고 하지 말고, 의미를 이해해. 두 손으로 주먹을 쥐고 주먹끼리 서로 부딪쳐봐. 그 상태가 콘플릭트야. 콘플릭트라는 단어 대신 부딪치는 상태를 기억하도록 해.

예를 들어, 갖고 싶은 물건이 있는데, 노후 준비를 위해 저축도 하고 싶어. 이게 콘플릭트야. 다이어트하고 싶지만, 눈앞의 케이크를 먹고 싶어. 연봉 인상을 위해 자격증 공부를 하고 싶지만, 주말에는 가족과 시간을 보내야 해. 내 일이 아직 안 끝났지만, 상사의 부탁을 거절할 수 없어. 이런 모든 상황이 콘플릭트지.

이런 상황에 놓이면 시간 기근 감각이 강해져. 시간을 낭비한다는 죄책감, 목표 지점에 도달할 수 없을 듯한 불안함이 스트레스를 낳지. 그 결과, 실제보다 더 시간이 부족하다고 느끼게 돼. 즉, 시간 기근의 원인은 콘플릭트에 의한 스트레스라고 할 수 있어."

나는 그의 말대로 두 주먹을 부딪치면서 말했다.

"결국 동시에 달성할 수 없는 목표 때문이라는 뜻인가요? 이해가 상충하는 목표로 인해서? 그렇다면 해야 할 일이 많을 땐 하나씩 정리하면 되겠군요."

"그래. 양립할 수 없다는 조건이 초조함을 낳지. 그리고 시간이 부족하다고 느끼게 해. 그런데 양쪽에 모두 마음이 기울 땐 무엇부터 손대야 할까?"

"술은 마시고 싶은데 건강하고 싶다……처럼요?"

"예시의 수준은 낮지만, 맞아."

"헤헤, 죄송해요. 사실 상사에게 부탁받았을 때 특히 난감해요. 거절해서 상사가 화내는 것도 싫지만, 내 일을 끝내지 못하면 그것 또한 혼날 테고요. 이럴 때에는 어떻게 해야 할까요?"

"여러 대책이 있지만, 나는 내 목적에 모든 것을 연결하는 기술을 추천해."

"내 목적에 모든 것을 연결한다고요? 무슨 말인지 도무지 모르겠네요."

"예를 들어서 내 인생의 목적은 최대한 지식을 많이 쌓는 거야. 그래서 책이나 논문을 읽을 때 가장 행복하지. 때론 내가 얻은 지식을 사람들에게 알려주는데, 이 일도 내 지식을 탄탄히 하는 데 도움을 줘. 복습 효과라고나 할까.

이처럼 정보 습득 외에 새로운 일을 해도 그것들은 각기 다른 방향을 향하지 않고, 최대한 지식을 많이 쌓겠다는 내 인생의 목적과 연결돼. 무엇보다 나만을 위한 자유 시간도 보장할 수 있어. 이렇듯 내가 하는 일들이 인생의 목적과 연결된다면 전혀 고민할 필요 없지."

"그럼 문제는 '해야 할 일이 많아서'가 아니군요. 인생의 목적을 몰라서인가요? 예를 들어 저는 일로 멋진 성공을 거두고 싶지만, 여자친구도 있으면 좋겠단 말이죠. 그러려면 이성을 만날 수 있는 곳에 가야 하는데, 한 달에 50시간 가까이 야근하니 어렵잖아요."

내가 답답하다는 표정을 짓자 D는 땅에 사람과 화살표를 그리기 시작했다(142쪽 그림).

"또 영어라고 싫어할지도 모르지만 구조, 즉 프레임 자체를 바꾸는 리프레이밍[31]을 해야 해. 내가 하는 모든 활동이 내 인생의

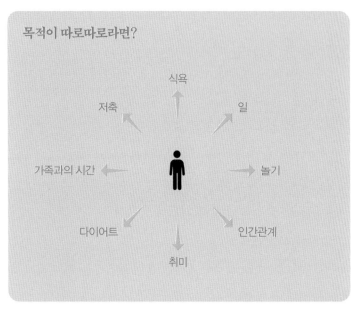

목적이 따로따로라면?

식욕

저축 일

가족과의 시간 놀기

다이어트 인간관계

취미

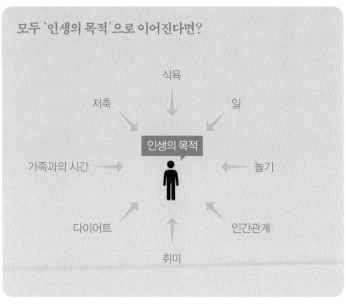

모두 '인생의 목적'으로 이어진다면?

식욕

저축 일

인생의 목적

가족과의 시간 놀기

다이어트 인간관계

취미

목적과 연결된다는 사실을 알면, 내적 갈등이 사라지고 생산성이 높아져서 새로운 일도 계속할 수 있어. 매일 오랜 시간 일하는 듯 보여도 본인에게는 일이자, 놀이이자 취미이기 때문에 초조하지 않을 테니까. 그러니 일단 네 인생의 목적을 생각해봐."

"인생의 목적이라니, 그렇게 거창한 고민은 해본 적 없어요."

"매번 해본 적 없다고만 말하지 말고, 지금 바로 해봐."

"음, 즐겁게 살고 싶어요."

"훗, 단순하군. 뭐, 괜찮아. 그렇다면 즐겁게 살기 위해 무엇이 필요하다고 생각하지?"

"보람찬 일, 귀여운 여자친구, 마음이 잘 통하는 친구, 지금은 없지만 몰두할 수 있는 취미."

"이제 그걸 얻기 위해서 무엇을 해야 할지 정리해봐. 할 일을 정하고 계획을 세울 때 콘플릭트가 일어나지 않도록 주의해."

"해야 할 일을 정하라…… 그게 어렵죠."

"여담이지만, 시간이 부족하다고 느껴질 때는 다른 사람에게 친절히 대해봐. 그러면 여유로운 기분이 느껴지고, 시간을 효율적으로 쓰게 된다는 연구 결과가 있어. 왜 그런지 감이 안 잡히지? 다른 사람에게 친절히 대하면 사회 구성원의 역할을 수행했다는 생각이 들어. 게다가 감사 인사까지 받으면 스트레스가 해소되기도 하지. 그러면 시간이 부족하다는 기분이 사라져서 일의 생산성도 올라가. 다시 말해, 시간이 없다고 느껴질수록 다른 사람을 위해서 시간을 사용하는 편이 좋다는 뜻이야."

D의 이야기를 듣는데 갑자기 배가 고파졌다. 슬쩍 스마트폰을 꺼내 시간을 확인하니, 이미 점심시간이 한참 지나 있었다. 그때 메일 알람이 울렸다. 친구인 야마오카에게 온 메일이었다.

'갑자기 웬 메일이지? 얼마 전 동창회 때 잠깐 말했던 새로운 사업 이야기를 하려는 건가?'

"어이, 사람이 얘기하는데 뭘 보는 거야?"

"죄송해요. 이런 적이 없었는데, 친구한테 메일이 와서요. 간단히 답장만 해도 될까요?"

D는 언짢은 표정으로 고개를 끄덕이더니 작은 목소리로 "이 이야기도 해야 하는데……"라고 말했다.

일상을 흐트러뜨리는 '시간 오염'

"시간 기근 감각을 느끼는 요인 중에 '시간 오염'이라는 개념이 있어. 메릴랜드대학의 존 로빈슨 교수가 제창한 개념이지. 시간 오염이 어떤 상태를 말할 것 같아?"

야마오카에게 답장을 마치자마자 D는 이야기를 이어갔다.

"글쎄요. 쓸데없는 일을 하면서 시간을 더럽힌다는 뜻일까요? 아니면 시간에 불순물이라도 들어 있나……?"

"비슷해. 일하는데 갑자기 누가 말을 걸거나 문자가 오거나, 커피를 마시고 싶다는 잡생각이 끼어들 때가 있지. 불쑥 다른 생각이 떠올라서 일의 흐름이 끊긴 적 있을 거야. 이를 시간 오염이라고 해. 즉, 여러 가지 일에 손을 대고 마는 '멀티태스킹[32]'이라고도 할 수 있지. 놀랍게도 멀티태스킹이 시간 기근의 감각을 더 강하게 만들어."

"멀티태스킹을 하면 안 되는 거예요? 저에겐 일상인데요. 지금처럼 대화하다가 메일에 답장하고, 회사에서 일하다가도 상사에게 부탁받은 일을 처리하거나 누가 말을 걸면 잠시 대화도 나누고요. 그때마다 일일이 '아, 시간 오염이다!'라고 생각하면 너무 힘들죠."

"뇌에는 부정적인 감정을 처리하고 이성을 관장하는 전두전야[33]라는 곳이 있어. 멀티태스킹을 해서 일의 흐름이 끊기면 전두전야는 스트레스를 받아. 그로 인해 짜증과 공포 등의 감정을 관장하는 편도체가 활성화되지. 결국 불안감이나 초조함을 불러일으켜서 시간이 부족하다는 느낌을 받는 거야."

"즉, 일의 흐름이 끊기지 않아야 한다는 뜻이죠? 음, 하지만 그건 불가능해요."

"물론 직장에서는 '나한테 말 걸지 마'라는 분위기를 풍기지 않는 한, 어려울 거야. 게다가 그런 분위기를 풍기면 주위에서 좋게 보지 않겠지. 그래서 집에서 보내는 여유로운 시간, 예를 들어 동영상을 볼 때나 책을 읽을 때는 메일이나 메신저 알림을 꺼두는 편이 좋아. 뇌도 쉴 수 있고 말이야.

요즘에는 다른 사람과 대화할 때나 식사 중에도 스마트폰을 보면서 불필요하게 시간을 오염시키는 사람들이 너무 많아. 그게 시간이 없다는 초조한 감정으로 이어진다는 사실을 깨닫지 못했기 때문이지. 하지만 적어도 혼자 느긋한 시간을 보낼 때만큼은 시간 오염을 일으키지 않으면 좋겠어."

"이를테면 영화를 보다 중간중간 끊지 않고 처음부터 끝까지 보면 그만큼 스트레스가 해소된다는 얘기인가요?"

"맞아. 유용한 팁을 하나 더 줄까? 미네소타대학의 한 연구에서 너처럼 책을 읽지 않는 사람이 하루에 30분만 느긋하게 독서해도 스트레스가 68%나 감소한다는 사실을 알아냈어. 만약 스트레스를 많이 받는다면 하루에 30분이라도 책을 읽도록 해. 단, 어떤 방해도 없는 환경에서."

"애초에 책을 읽지 않는데 30분이나요? 하하하, 그러다 오히려 스트레스받겠어요. 흠, 그렇게 어이없다는 표정 짓지 마세요."

"원체 책을 안 읽는 너에겐 힘들겠군. 어쩔 수 없지. 그 연구에서 만화는 다루지 않았지만, 몰두해서 읽는다면 아마 만화책도 괜찮을 거야. 너처럼 글을 3줄만 읽어도 지루해하는 녀석은 독서에 몰입할 수 있을 때까지 상당한 시간이 걸릴 테니까."

"오, 만화책이라면 좋죠! 30분이라고 했죠? 해볼게요! 그런데 이미 시간 기근을 느꼈을 땐 어떻게 하나요? 초조해하지 않고 높은 생산성을 유지하면서 눈앞의 일에 집중하고 싶은데, 어떻게 하면 좋을지 전혀 모르겠어요……"

"아까 말했던 2015년의 듀크대학의 논문에는 콘플릭트로 인해 일어난 시간 기근을 조정하는 방법도 나와.

첫 번째 방법, 무조건 여유로운 시간을 보낸다. 가장 중요한 방법이지. 두 번째 방법은 '11초 호흡법'이야. 호흡에 집중하면서 천천히 심호흡하면 시간 기근을 줄이는 효과가 있다고 해. 방법은 간단해. 5초 동안 숨을 들이마시고 6초 동안 내뱉어.

지금 또 '고작 호흡법으로 시간 기근을 없앨 수 있다고? 말도 안 돼'라며 의심하고 있지? 11초 호흡법의 효과를 알아보기 위해 두 그룹으로 나누어 실험을 했어. 11초 호흡법을 10번 반복한 그룹과 아무것도 하지 않은 그룹. 두 그룹 모두 서로 다른 목표로 인해 갈등이 생기는 상황을 상상해보라고 했어. 아까 말했던 다이어트를 해야 하는데 앞에 놓인 케이크를 먹고 싶은 상황, 즉 콘플릭트 상황을 말이야.

어떤 결과가 나왔을까? 심호흡한 그룹은 아무것도 하지 않은 그룹에 비해 시간 기근 감각이 약 2분간 15%나 완화되었대. 그러니 지금 당장 너의 일들을 인생의 목적에 연결할 수 없다면 천천히 심호흡이라도 해보기를 추천해."

나는 그의 말대로 눈을 감고 5초 동안 숨을 들이마시고 6초 동안 천천히 내뱉었다. 이왕 해본 김에 몇 번 더 반복했다.

코로 숨을 크게 들이마시면 횡격막이 아래로 내려가고, 다시 숨을 뱉으면 복부가 쏙 들어간다. 처음에는 너무 기합이 들어간 탓에 숨을 과하게 들이마셔서 조금 어지러웠지만, 점차 균형을 맞추었다.

그러자 싱그러운 나뭇잎의 내음, 조금 마른 듯한 땅 냄새, 바람이 실어 오는 주변의 향. 지금까지 의식하지 못했던 삶의 냄새가 내 안으로 퍼지는 게 느껴졌다.

그리고 머릿속에 복잡하게 엉켜 있던 생각들이 하나둘 떠올랐다. 좀처럼 진척되지 않는 프로젝트, 리더를 맡기 전에는 자주 술을 마셨던 동기가 최근에는 같이 마시자고 하지 않는 것, 성공하려면 아직 멀었는데 고작 지금 위치도 버거운 마음, 상사의 부탁을 거절해도 된다는 놀라움까지.

많은 고민과 생각이 신선한 내음과 함께 몸 안으로 들어왔다가 한 번에 빠져나갔다. 기분 탓일지도 모르지만, 11초 호흡법을 10번 마치고 눈을 뜨니 시야가 더 밝아지고 깨끗해진 느낌이었다.

시간이 없다고 느끼는 이유는 시간의 인지 왜곡 때문이다.
콘플릭트(갈등), 멀티태스킹이 시간의 인지를 왜곡시킨다.

건강하게 거절하기 위한 3단계

거절하지 못하게 만드는 7가지 '비기능적 사고'를 깨닫고, NO라고 말했을 때의 장단점을 분명하게 짚어, 거절하는 데 대한 심리적 부담감을 낮추는 활동입니다.

1단계. '비기능적 사고'를 깨닫고 부수기

상대의 부탁에 NO라고 말하지 못하는 이유는 무엇인가요? 다음 7가지 '비기능적 사고'를 없애봅시다.

거절하지 못하는 사람의 7가지 비기능적 사고

비기능적 사고 1. NO라고 말하는 것은 무례하고 공격적인 행동이다.
거절은 누구에게나 주어진 권리입니다. NO라고 말하지 못해 오히려 주변에 피해를 준 적은 없는지 생각해봅시다.

비기능적 사고 2. NO라고 말하는 것은 불친절한 행동이다.
바로 거절하지 않고 대답을 미루거나 모호하게 해서 상대를 곤란하게 만든 적은 없나요? 또는 누군가에게 부탁하면 그 사람은 반드시 들어주리라고 착각한 적은 없는지 생각해봅시다.

비기능적 사고 3. NO라고 말하면 상대가 상처받을 것이다, 무시당했다고 느낄 것이다.

거절은 상대를 무시하는 행동이 아닙니다. 그래도 상대가 상처받지 않도록 상대의 기분을 헤아리며 뜻을 전하면 좋겠지요?

비기능적 사고 4. NO라고 말하면 상대가 날 싫어할 것이다.

NO라고 말한다고 상대가 날 싫어할 거라는 근거는 어디에도 없습니다. 혹시 상대방이 내 부탁을 거절했을 때 '날 싫어하나?'라며 걱정하는 습관이 있진 않나요?

비기능적 사고 5. 남의 요구는 나의 요구보다 중요하다.

나보다 남을 더 중요하게 여기면 안 됩니다. 다른 사람이 부탁했을 때는 나도 편하게 부탁할 수 있는 기회로 생각해봅시다.

비기능적 사고 6. 늘 남을 기쁘게 해줘야 한다.

나의 행복을 다른 사람에게 맡기면 안 됩니다. 또한 날 희생하면서까지 남을 기쁘게 해줄 필요도 없습니다.

비기능적 사고 7. 작은 일에 NO라고 말하는 것은 인색하고 속이 좁은 행동이다.

크든 작든 부탁에 대한 거절은 자유입니다. 거절해도 생각보다 상대방이 대수롭지 않게 여길 것입니다.

1. 당신의 비기능적 사고는 무엇인가요?

2. 그 비기능적 사고를 부정해봅시다.

2단계. NO라고 말했을 때와 YES라고 말했을 때의 장단점 비교하기

흔히 'NO라고 말했을 때의 단점'과 'YES라고 말했을 때의 장점'은 생각하지만, 그 반대의 경우는 거의 생각하지 않습니다. 하지만 각각의 장단점을 정확히 파악해야 합니다. 아래 표에 각각의 장단점을 써보고 객관적으로 비교해봅시다.

	장점	단점
NO 라고 말했을 때		
YES 라고 말했을 때		

다음은 미국의 메이오 클리닉에서 연구를 통해 정리한 '거절하기 위해 준비해야 할 4가지 사항'입니다. 하나하나 확인하여 NO라고 말할 때의 부담감을 줄여봅시다.

1. 우선순위를 확인한다.

부탁에 관해 대답하기 전에 내게 더 중요한 일은 없는지, 부탁이 얼마나 중요한지 확인해보세요. 그 후에 부탁을 들어줄지 결정하는 것이 좋습니다.

2. YES라고 답했을 때의 장점과 스트레스 수준을 비교한다.

부탁을 들어줬을 때의 장점과 스트레스 수준이 각각 어느 정도인지 비교해보세요.

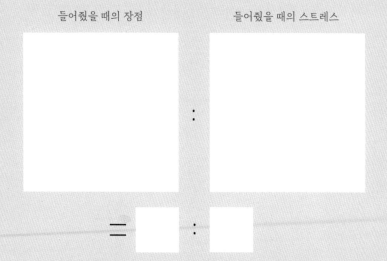

들어줬을 때의 장점   들어줬을 때의 스트레스

3. 불필요한 죄책감이나 의무감은 없는지 확인한다.

상대에 대한 불필요한 죄책감이나 의무감으로 부탁을 들어주려는 것은
아닌지 확인하세요.

죄책감 예시: 거절하기 미안하다, 거절하기 어렵다.

의무감 예시: 언제나 신세를 지고 있다, 부탁을 들어주는 것도 다 일이다.

4. 시간을 갖고 즉시 답하지 않는다.

부탁을 받으면 즉시 답하지 말고 고민할 시간을 적어도 하루 정도 달라
고 말하세요. 2~3일 더 요청해도 좋습니다. 만약 급한 일이라면 몇 시간
이라도 시간을 갖고 앞에서 살펴본 항목들을 잘 생각해야 합니다. 메일
이나 문자로 답해도 괜찮다면 그 방법을 이용하는 편이 좋습니다. 시간
적 거리와 물리적 거리를 두면 더 객관적으로 판단하고, 상대적으로 쉽
게 거절할 수 있기 때문입니다.

리더를 맡고 인간관계 때문에

고민이 많아진 쇼타.

게다가 드디어 시작한 연애는

예상치 못한 고통을 가져다주는데…….

신뢰할 수 있는 사람은 대체 어떤 사람인가?

인기가 많아지려면 어떻게 해야 하는가?

관계에 상처받지 않기 위한 통찰력에 대하여

4장

관계

곁에 두고 싶은 사람이
된다는 것

대체 어떤 사람을
믿어야 하죠?

다행히 첫 프로젝트는 성공적으로 끝났다. 주변 사람 모두에게 응원받은 덕분이다.

이번 프로젝트는 나에게 뜻깊은 경험이었다. 무엇보다 리더를 맡고 나서 시각이 더 넓어졌다. 가령 부탁을 들어주겠다고 해놓고 제때 해주지 않는 것이 얼마나 작업 진행에 영향을 미치는지, 그리고 일정을 어기는 사람이 얼마나 책임감 없어 보이는지, 심지어 일하는 듯 보이지만 그렇지 않은 사람을 쉽게 알아낼 수 있다는 사실까지 알게 됐다. 그저 팀원이었을 때는 보이지 않던 부분이 보이는 느낌이랄까.

그 사이에 아침 루틴도 자리를 잡았다. 커튼을 열고 바로 햇빛을 받으면서(물론 흐린 날에도) 팔굽혀펴기 5회, 그 후에 스쾃 5회, 복근 운동 5회를 3세트씩 하며 조금씩 강도를 높이는 중이다.

이렇게 아침 루틴을 하고 나면 중요한 일과를 하나 끝낸 것 같아서 매우 뿌듯하다. D의 말에 따르면, 아침에 일어나서 바로 무언가를 해내면 하루를 효율적으로 보낼 수 있다고 한다. 연구로 증명됐으니 의심은 거두라는 말까지 덧붙였다.

참고로, 이미 자리를 잡은 루틴에 다른 행동을 더하면 높은 확률로 습관이 된다고 한다. 내가 아침 운동을 꾸준히 할 수 있는 이유도 이 때문이다. 나는 커튼을 연다는 작은 루틴에 운동을 더했는데, 큰마음을 먹지 않아도 자연스럽게 운동할 수 있다는 사실이 놀라울 정도다.

이 이론에 대해서는 며칠 전 D와 대화를 나눌 때 듣게 됐다.

"💡Work 5 이프덴 플래닝(195쪽)[34]? 그게 뭐예요?"

"If(만약) Then(그러면), 즉 'A의 상황에 놓이면 B를 한다'처럼 행동할 타이밍을 미리 정해두면 B의 행동을 습관으로 만들 수 있다는 실로 간단한 방법이지."

"조건이 붙은 '할 일 목록' 같은 거네요?"

"뭐, 그런 셈이지. 만들고 싶은 습관에 조건을 붙이고, 그것을 이미 자리 잡은 루틴에 연결하면 달성하기 쉬워. 꾸준히 하겠다고 마음먹은 일 중에 정말 습관을 들인 행동은 아주 적잖아. 너는 또 의지력이 약해서라고 말하겠지만 그 습관을 언제, 어디서 하면 좋은지를 정하지 않으면 우리의 뇌는 기억도 못 하고 적절하게 반응도 못 해."

"뇌가 기억을 못 한다고요?"

"그래. 예를 들어, 동물의 본능은 '적이 오면 도망친다', '맛있는 냄새가 나면 찾으러 간다'처럼 생존에 유리한 이프덴 방식으로 진화했어. 이처럼 일상에서도 'A의 상황에 놓이면 B를 한다'라고, 조건에 연결하면 뇌가 기억하기 쉽다는 뜻이야."

"음, 간단하면서도 효과적일 것 같네요. 그런데 너무 이론적이지 않나요? 이전에 알려준 '시간 오염'에 관해 선배에게 말했더니 '이론에 얽매이지 말고 실천을 해. 과학이나 심리학은 단순히 이론일 뿐이잖아. 현실에 완전히 적용하기 힘들다고. 현실과 이론은 달라. 이론만 수집하다가 정작 행동으로 옮기지 못하는 사람이 되지는 마'라고 하더라고요. 하하하."

그러자 D는 마치 외국 영화 속 주인공처럼 어이없다는 듯이 머리를 좌우로 흔들고는 이렇게 말했다.

"아무리 유익한 정보를 가르쳐줘도 그런 멍청한 이야기를 하는 녀석은 항상 어디에나 있다니까. 과학적으로 입증된 방법을 무시하려면 본인만 원시시대에 살라고 해. 과거 위인들이 쌓은 다양한 지식을 후세 인간이 활용하지 않는다니, 그보다 어리석은 일이 어디 있어. 종종 과학의 타당성에 의문을 제기하는 사람도 있지만, 개인의 생각이나 경험에 비하면 과학이 훨씬 믿을 만해."

안 그래도 빠른 D의 말 속도가 평소보다 1.5배 더 빨라졌다! 아무래도 화가 난 것 같다.

"무슨 일이든 시도해보고 내 것으로 만들어야 해. 그저 이론일 뿐이라며 이러쿵저러쿵 떠드는 녀석은 스마트폰이나 컴퓨터도 사용하지 말라고 해. 과학기술과 지식의 산물이니까. 아무튼 이프덴 법칙은 관련 연구 수도 꽤 많아서 믿을 만해. 너의 선배라는 녀석은 안 믿겠지만."

"알겠어요. 'A의 상황에 놓이면 B를 한다'라는 거죠. 이때 A는 이미 습관이 형성된 것. 잠깐 생각해볼게요……"

"혹시 헬스장을 다녀본 적 있나? 헬스장에 꾸준히 가기는 꽤 어렵다고들 말하지만, 이프덴 법칙을 사용하니 91%나 헬스장을 꾸준히 다녔다는 충격적인 결과가 나왔어."

"와, 정말요?"

"컬럼비아대학 동기과학센터의 부소장이자 사회심리학자인 하이디 그랜트 할버슨이라는 사람을 알아? 그의 저서《작심삼일과 인연 끊기》(에이지21, 2017)에 따르면, 이프덴 플래닝은 다이어트, 감정 조절, 할 일 미루기 방지 등 여러 부분에서 활용할 수 있다고 해. 정신력과 성격을 개선할 때 매우 효과적이라는 2016년의 데이터도 있지. 다시 돌아가서, 헬스장에 다니는 습관 들이기 실험을 좀 더 자세히 설명해줄게. 먼저 참가자들을 두 그룹으로 나누고, 한 그룹에게 월, 수, 금요일에는 출근 1시간 전에 헬스장에 가는 계획을 세우라고 요청했어."

"월요일 아침은 휴일 다음 날이라 우울하고, 금요일 아침은 일주일 동안의 피로가 쌓인 상태잖아요. 그런데 출근 1시간 전에 헬스장이라니……. 상상만 해도 힘드네요."

"하지만 이프덴 플랜을 세운 참가자들의 91%는 몇 개월이 지난 뒤에도 헬스장을 꾸준히 다녔다고 해. 반면 이 플랜을 세우지 않았던 그룹은 고작 39%만 다녔지. 어때? 숫자를 비교해보니 꽤 효과적이라는 사실을 알 수 있지?

우리는 새로운 목표를 세우고, 그저 '이제부터 열심히 하자!'라며 결심만 해. 하지만 목표만 덜렁 세우면 금방 잊혀. 몇 개월 뒤에는 목표를 세웠던 기억조차 남지 않지. 그러나 이프덴 방법을 사용하면 이미 익숙한 습관 A에 목표 행동 B를 연결해서 뇌에 명령하기 때문에 기억에 잘 남는 거야."

이야기가 길어졌지만, 그래서 '눈을 뜨면 바로 커튼을 걷는다'라는 아침 루틴에 팔굽혀펴기를 더하고 스쾃이랑 복근 운동처럼 새로운 운동을 하나씩 추가하고 있다. 이것이 해빗 체인[35], 다시 말해 사슬을 연결하듯이 습관을 이어 만드는 것이라나. 그런데 효과가 놀라울 정도로 좋다.

단, A의 행동에는 3가지 조건이 있다.

첫째, 이미 몸에 밴 습관일 것.

둘째, 가능하다면 매일 같은 시간에 할 것.

셋째, 안정적으로 같은 장소에서 할 것.

이것이 성공 비결인 것 같다. 사실 D는 내게 더 힘든 버피 테스트[36]를 추가하라고 말했지만, 무리라고 말하곤 피하는 중이다. 아직까지는…….

D와 만나기로 약속한 날은 아니지만, 시간이 나서 공원으로 향했다. 며칠 전에도 공원에 갔지만 D를 만나지 못해 그의 안부가 궁금하기도 했다. 다행히 오늘은 반가운 얼굴이 보였다.

"안녕, 오랜만이군. 살아 있었나?"

"제가 묻고 싶어요. 요 며칠 비가 내렸을 때도 전 계속 공원에 왔었다고요. 그런데 당신이 없던걸요."

"하하하, 그랬어? 하지만 난 비 오는 날에도 맨발로 걸을 정도로 괴짜는 아니거든. 어때, 일상은?"

"운동은 꾸준히 하고 있어요. 당신 덕분에……랄까, 당신은 딱히 아무것도 안 했지만요. 다행히 프로젝트도 성공리에 잘 끝났고요. 그런데……."

"왜 이야기를 하다 말아?"

"제가 요즘 좀 잘나가서 그런지, 동기가 예전처럼 술 마시러 가자고 안 해요. 반면에 지금까지 저를 투명 인간 취급했던 선배는 갑자기 같이 프로젝트를 하자고 하고요. 왠지 사람이 간사한 느낌이랄까? 믿음이 안 가요."

"그런 사람들은 상대하지 않으면 되잖아."

"말처럼 쉽지 않아요. 큰 회사가 아니라서 피하려고 해도 마주치게 되거든요. 선배는 그럴 때마다 '어때? 할래?'라고 물어봐요. 저도 이제 나이도 들고 어떤 사람과 사귈지 진지하게 고민해야겠다 싶기도 하고요.”

“사귀다니, 여자친구라도 만들 생각이야?”

“제 얘기 제대로 들었어요? 물론 여자친구도 생기면 좋겠죠. 실은 마음에 둔 사람이 있긴 한데……. 아니, 그게 아니라 선배와 동료를 어떻게 하면 좋을까요?”

“세상에는 어떤 순간에도 내 편인 사람과 그렇지 않은 사람이 있어. 이 정도는 알지?”

“어렴풋이요.”

“일단 네가 앞으로도 회사에서 계속 승승장구한다고 가정해 보자. 어떤 사람을 곁에 두어야 할까?”

“흠, 언제나 저를 믿고, 배신하지 않을 사람?”

“맞아. 오래 함께하며 믿을 수 있고, 비즈니스 성공률을 높여 주는 사람을 곁에 두어야 해.”

“와, 맞았다!”

“믿을 만한 사람인지 판단하는 기준은 크게 2가지야. 첫 번째는 성실한 사람인가. 즉, 배신하지 않을 사람인가, 여기에는 친절함 같은 인격도 포함돼. 그리고 두 번째는 능력이 있는가.”

“능력도 필요하군요.”

“그래. 아무리 좋은 사람이라도 무능력하면 업무적으로 그 사람을 신뢰하기 어렵지. 만약 인격은 훌륭하지만 의료 실수를 하는 의사와, 반대로 성격은 별로지만 실력은 뛰어난 의사가 있어. 그렇다면 누구에게 진료를 받겠어?

당연히 친절하고 능력도 좋은 사람을 선택하고 싶겠지만, 찾기 쉽지 않아. 그러니까 성실성과 능력을 비교해보는 거야. '능력이 뛰어나면 성격이 안 좋지 않을까?', '성격 좋은 사람은 어디 가서 잘 속지 않을까? 즉, 능력이 부족하지 않을까?'라고 보는 게 인간이야. 안타까운 이야기지. 그래서 믿을 만한 사람인지, 어떤 사람을 선택하면 좋을지 판단하기는 꽤 어려워."

"그렇죠. 나에 대해서도 잘 모를 때가 많은데, 다른 사람을 판단하기는 정말 어려워요."

"사실 상대의 신뢰도나 능력을 판단하는 일 자체가 어려운 게 아니야. 그보다는 상대를 판단하는 기준이 문제야. 대부분 사람을 판단할 때 잘못된 기준을 선택해."

"다들 비슷한 기준을 가지고 있을 것 같은데, 아닌가요?"

"내가 비밀 하나 알려줄까? 인간의 성실성은 그 사람의 유전자로 어느 정도 파악할 수 있다는 사실이 이미 증명됐어."

"유전자로 그 사람의 성실성을 알 수 있다고요?"

"그래. 과학적, 심리학적으로 가장 믿을 만하다고 알려진 '빅 파이브'라는 성격 분석 이론이 있어. 현재 심리학자들이 가장 지지하는 이론이자, 오래전부터 수많은 실험을 거쳐 그 정확성이 입증된 이론이지. 사람의 성격은 5가지 성격 요소의 조합으로 결정된다는 이론이야.

이때 5가지 요소는 개방성, 성실성, 외향성, 조화성, 신경증 경향을 말해. 먼저, '개방성'은 경험에 개방적인 성향으로, 이게 높은 사람일수록 강한 지적 호기심, 풍부한 상상력을 가지고 있어. 이 요소는 52% 정도 유전의 영향을 받아. 다음으로 감정 조절, 강한 책임감, 양심을 나타내는 '성실성'도 52%, 사교성 및 적극성을 나타내는 '외향성'은 46% 유전의 영향을 받고, 타인에 대한 공감력이나 배려를 측정하는 '조화성'은 36%, 부정적인 자극에 대한 강한 반응을 나타내는 '신경증 경향'은 46% 영향을 받는다는 연구 결과가 있어."

"와, 성격도 과학으로 분석할 수 있군요."

"물론 사는 곳, 만나는 사람을 포함한 환경 등의 영향을 받아 후천적으로 바뀔 수 있어. 누구든 성실한 사람을 곁에 두고 싶겠지. 일할 때는 더더욱 그렇고. 너도 처음에 '배신하지 않을 사람이 좋다'라고 말했듯이 성실한 사람일수록 믿을 수 있으니까. 하지만 성실함은 변하지 않는 요소가 아니야. 계속 변해."

"변한다고요? 그러면 성실한 사람이 불성실해지기도 한다는 말이에요?"

"그래. 지금 성실한 사람은 미래에도 계속 성실하리라고 생각하기 때문에 잘못된 판단을 하는 거야. 사람을 판단하는 잘못된 기준인 셈이지."

"에이, 성실한 사람은 계속 성실하겠죠. 대체 성실한 사람에게 무슨 일이 생기면 불성실해진다는 거예요?"

"캘리포니아주에 있는 클레어몬트 매케나대학에서 흥미로운 연구 결과를 발표했어. 다른 사람이 보고 있을 때는 부정을 저지르지 않는 사람이, 아무에게도 들키지 않는다는 확신이 있으면 무려 90%가 부정한 행동을 한다고 해. 누가 보든 안 보든 부정한 행동을 하지 않은 사람은 고작 10%였지. 즉, 상황이 바뀌면 인간의 성실성은 변한다는 뜻이야."

"놀랍네요. 성실성은 의외로 믿을 수 없는 지표란 뜻인가요? 그런데 혹시 '부정한 행동'에는 서류 조작처럼 중대한 일뿐만 아니라, 외근하고 돌아왔을 때 힘들어서 회사 탕비실에 있는 다른 동료의 간식을 먹는 행위도 포함되나요?"

"당연하지. 인간의 성실성은 보상에 따라 변한다는 결과도 있어. 이해하기 쉽게 예를 들어줄게. 지금은 성실하게 일하는 직원이 있어. 하지만 회사가 어려워져서 월급을 50% 삭감하기로 했지. 그러면 그 직원은 계속 성실하게 일할까? 아마 쉽지 않겠지. 이처럼 성실성은 조건에 의존해. 아무리 좋은 사람이라도 상황과 대우, 인간관계가 변하면 악인이 될 수도 있다는 뜻이야."

"배신당하지 않으려면, 아니 상대방의 성실함을 유지하려면 어떻게 해야 할까요?"

"좋은 질문이야. 상대가 봤을 때 네게 '장기적인 장점'이 있으면 널 배신하지 않겠지. 즉, 상대가 너를 곁에 두었을 때 득을 얻어야 한다는 뜻이야. 서로 이익을 얻는 관계가 아니라면 장기적으로 신뢰와 성실함을 얻기 어려워. 네 곁에 성실하게 있어야 그 사람이 이득을 얻는다면 성실하게 곁을 지키겠지. "

"상대가 얻을 이익을 항상 의식해야겠네요."

"상대가 너를 배신하지 않을 이유라고도 할 수 있지. 상대를 믿어도 괜찮을지 판단할 때는 그 사람의 인격과 성실성을 봐. 서로 이익을 얻을 수 있는지도. 그리고 만에 하나 상대방에게 배신당했을 때 그 피해를 감당할 수 있는지 고려해야 해. 만약 회사의 모든 회계 업무를 한 사람에게 맡긴다면 배신당했을 때 잃는 부분이 너무 크잖아. 만약 무엇 하나라도 마음에 걸린다면 상대를 믿지 않는 게 좋아."

"상대가 나와의 관계를 끊는 게 손해라고 판단하면 날 배신하지 않는다는 말이죠?"

"맞아. 그래도 항상 조심해야 해. 언제든지 배신당할 가능성은 있으니까. 명심해."

성공한 사람들은 곁에 어떤 사람을 둘까?

그런데 이야기를 나누다 보니 어쩐지 마음이 불편해지기 시작했다. 다른 사람을 만났을 때 계산적으로 굴어야 할 것 같은 느낌 때문일까?

"좀 거북하네요. 마치 모든 인간이 서로 이용하는 데 가치를 두는 것 같잖아요. 언제나 변함없이 성실한 사람도 있을 테고, 이익을 따지지 않고 상대방의 인간성이 좋아서 함께 일하고 싶어 하는 사람도 있을 텐데요."

"물론 맞는 말이야. 그렇다면 사회적으로 성공한 사람들은 어떤 사람을 곁에 둘까? 궁금하지? 2012년, 버지니아대학에서 이에 대해 조사했더니, 성공한 사람들은 6가지 유형의 인재를 곁에 뒀다고 해.

먼저, 새로운 정보나 전문 지식을 주는 사람, 스페셜리스트라고 할 수 있지. 가령, 새로운 마케팅 시각을 제안하는 직원, 업계의 동향을 가르쳐주는 고객처럼 전문 지식으로 힌트를 주는 사람을 말해.

두 번째는 공식적인 권력자. 영향력을 지녀서 사람을 모을 수 있고, 프로젝트 조정을 도와주거나 정치적으로 지지해주는 사람을 말해. 인간관계의 강한 연결고리 같은 존재지.

세 번째는 조언자 또는 코치. 유용한 조언을 해주는 사람으로, 결단을 내릴 때 의견을 주지. 처음에는 주로 선배, 상사, 고객이 이 역할을 맡는 경우가 많아. 일에 적응되면 동료, 친구, 연인이나 반려자처럼 같은 눈높이에서 가차 없이 피드백해주는 사람이 좋아. 점술가도 여기에 속해."

"성공한 사람들도 친구나 아내의 의견을 중요하게 생각하는군요. 혼자 결정을 내릴 줄 알았는데. 저와 다른 점은 주변 사람들에게 정보를 캐낸다는 걸까요?"

"하하, 정보를 캐내서 성공했다니. 그건 편견이야. 다른 사람의 이야기를 듣고 새로운 인사이트를 얻을 뿐이라고.

네 번째는 개인적으로 지지해주는 동료, 언제나 응원해주는 친구들. 다섯 번째는 새로운 목적의식이나 가치관을 일깨워주는 사람. 일의 의미에 대한 시각을 넓히고, 자극을 주는 사람을 말해. 그리고 마지막은 심신의 밸런스를 정돈해주는 사람이야. 즉, 일과 삶의 균형을 잡아주는 사람이지.

이렇듯 성공한 사람들은 공과 사를 모두 소중히 여겨. 더 높은 자리로 올라가기 위해서는 공적인 인맥이 필요하고, 위기를 극복하기 위해서는 개인적인 인간관계가 필요하니까."

"그러면 공적인 관계냐 사적인 관계냐에 따라 신뢰할 수 있는지도 달라지겠네요. 일로 만난 사이일 때는 자신에게 장기적인 장점이 없으면 언제든지 뒤돌아버릴 수 있을 테니까요."

"그렇지. 꼭 기억해. 인간은 변하기 마련이야. 설령 지금 성실한 사람이라고 해도. 그렇다면 인간을 변하게 만드는 가장 큰 요인은 무엇일까?"

"당연히 돈 아닐까요?"

"그렇게 생각하기 쉽지. 하지만 더 큰 요소는 위치야. 다시 말해, 권력. 권력을 가지면 인간은 변해. 실제로 캘리포니아대학에서 인간은 지위가 높아질수록 정직하지 않은 행동을 하고 신뢰성도 낮아진다는 연구 결과를 발표했어."

"처음에는 야심이 넘쳤던 정직한 청년이 정치가의 길에 들어서면서 점점 비겁해지는 이야기가 떠오르네요."

"만약 네가 더 좋은 성과를 내기 위해 누군가를 영입해야 한다면, 손이 닿지 않는 저 구름 위의 사람은 피하는 게 좋아. 배신당하기 십상이니까. 그 사람에게 너는 구름 아래의 인간일 뿐이라 어떻게 되든 전혀 관심 없거든.”

“손이 닿지 않는 구름 위의 사람이라니. 그런 표현도 쓸 줄 알아요?”

“너무 시적인 표현이었나? 그만큼 높은 위치에 있는 사람은 조심하란 뜻이야. 그 사람에게 꼭 필요한 능력을 네가 갖췄다면 얘기가 달라지겠지만, 그것도 상대에게는 단기적인 욕망에 지나지 않아.

현실적으로 너보다 조금 위에 있는 사람과 어울리도록 해. 함께 올라간다는 느낌으로. 잘 지내고 싶은 사람의 귀여운 후배나 동생이 되거나, 그 사람과 비슷한 위치인 친구를 사귀면 좋지. 천천히 단계를 밟으면서.”

“그러고 보면 아까 말한 선배는 솔직히 일반적인 출세 코스에서 미묘하게 벗어나 있거든요. 그래도 자신이 해온 일이나 앞으로 하려고 하는 일에 자신감이 넘쳐요. 그래서 신뢰할 수 있겠다는 생각이 들어요. 출세 코스는 오래된 관습일 뿐, 실력만 있다면 얼마든지 위로 올라갈 수 있잖아요.”

“알아두면 좋은 사실 하나 더! 무능함은 자신감으로 감출 수 있어. 브리티시컬럼비아대학의 연구 결과가 이를 뒷받침하지.

인간은 자신의 이익과 관련된 일을 할 때일수록 자신감 있는 사람의 말을 믿곤 해. 그 사람의 말대로 하거나 그에게 들은 정보를 근거로 판단할 가능성이 크지. 다르게 생각하면, 자신만만한 사람의 거짓말에 걸려들기 쉽다는 뜻이기도 해."

"안 돼! 자신만만한 사람은 아무래도 믿게 된다고요. 게다가 자신의 이익과 관련된 일을 할 때라니……. 지금 딱 제 얘기잖아요. 상대의 말이 거짓말인지 어떻게 구분하면 돼요?"

"안타깝게도 확실한 비법은 없어. 근거 있는 자신감인지 본인이 직접 철저히 알아보는 수밖에 없지."

"맙소사, 정말 그 방법뿐이에요?"

"너무 좌절하지 마. 신뢰할 수 있는 사람인지 판단할 때 직감도 꽤 도움이 돼. 수십 년 동안 산업계와 군대의 연구자가 믿을 만한 상대의 특징을 조사했는데."

"잠깐, 군대의 연구자요?"

"그래. 산업계도 군대도 배신당하면 막대한 피해를 보잖아. 그래서 투자가들은 남을 속여서 돈을 취하려는 경영자의 특징을 알고 싶어 하고, 군대에서는 정보를 유출할 사람인지 아닌지를 판별하고 싶어 해. 그래서 연구가 진행 중이야."

"그렇군요."

"하지만 안타깝게도 확실한 특징은 아직 찾지 못했어. 사람의 신뢰성을 측정하기에는 고려해야 할 요소가 너무 많았거든. 심지어 상황에 따라 다르다고 결론을 내릴 수도 없었어.

곧 울 것 같은 얼굴이네. 내가 특별히 신뢰할 수 없는 사람들이 공통으로 보이는 몇 가지 행동을 알려줄게. 코넬대학과 매사추세츠공과대학이 함께 실험해 밝혀낸 거야. 예를 들어, 몸을 피하거나 팔짱을 끼거나, 손을 계속 만지는 행동을 많이 하는 사람을 만나면 조심하는 편이 좋아.

아까 직감에 관해 말했는데, 인간은 서로 마주하고 있을 때 직감만으로 상대를 판별할 수 있는 능력을 20% 정도 갖추고 있어서 직감을 참고해도 돼. 사람을 관찰하는 일에 익숙해지면 직감에 의지해 의외로 좋은 결과를 끌어낼 수도 있어."

성공하고 싶다면 주의해야 할 6가지

"어렵네요. 결국 나를 믿는 수밖에 없겠어요. 당신은 연구 결과라며 정보를 많이 알려주지만, 어떻게 하면 좋을지 명확한 답은 주지 않잖아요. 잔뜩 들어온 정보들로 머릿속만 복잡해져서 화가 나려고 해요."

"진정해. 언젠간 너에게 도움을 줄 정보들이니까. 오늘의 마지막 순서로 네가 출세와 먼 슬픈 직장인이 되지 않게 전형적인 실패 유형 6가지도 알려줄게."

"이야기를 들으면 과부하가 걸릴 것 같은데요."

"후후, 첫 번째 실패 유형은 형식주의[37]를 중시하는 경우야. 이 유형은 조직 내 직급과 직위를 지나치게 중시하지. 이들은 사적인 관계가 가져오는 효율이나 좋은 기회를 간과하고, 조직 내의 권력자나 실력자만 자기편에 두려고 해. 주변에 가끔 있지? 지위나 직함을 굉장히 따지고, 부자나 고위 직급자하고만 친해지고 싶어 하는 사람. 늘 높은 사람하고 어울리는 자기가 일류라고 착각하는 어리석은 사람 말이야."

"있어요. 하지만 저는 그런 건 전혀 신경 쓰지 않아요."

"좋아. 두 번째 실패 유형은 확증편향[38]에 빠진 경우야. 객관적인 의견을 구해야 할 때도 자기와 같은 의견만 듣는 유형이지. 반대 의견은 좀처럼 받아들이지 않아. 이런 문제를 피하려면 자신과 정반대의 의견도 스스럼없이 말해주는 사람과 친하게 지내는 수밖에 없어.

세 번째 실패 유형은 고립주의[39]. 전문적인 지식에 너무 집착한 나머지 새로운 세상을 접하려 하기보다 자신의 지식을 중시하고, 전문성을 인정해주는 사람만 가까이하는 유형이야. 성공하려면 다양한 지식을 폭넓게 배우고, 새로운 세계를 접해야 하는데 말이야. 이 유형은 의사들이 빠지기 쉽다고 알려졌어."

"아무래도 나를 알아주는 사람과 만나면 편하니까요. 특히 의사는 엘리트 의식도 높을 것 같고, 대우받고 싶어 할 것 같아요."

"네 번째 실패 유형은 외부 관계를 과도하게 중시하는 경우야. 쓸데없이 인맥만 넓히는 유형이지. 인맥 넓히기가 목적이라 깊은 관계로 발전하지 않아. 아는 사람의 수만 늘리는 셈이지. 인맥이 넓을수록 좋다는 생각은 버려야 해. 친구가 많다고 자랑하는 녀석일수록 친구들 사이에선 필요 없는 존재로 취급받는 법이야."

"말이 좀 심하네요. 사실 저는 친구가 많지 않거든요. 그래서 친구가 많은 사람을 보면 부럽고, 넓은 인맥도 어떤 의미로 능력이라고 보는데요."

"친한 사람의 수는 전혀 중요하지 않아. 진정한 인맥은 내가 누구를 알고 있는지가 아니라, 누구에게 알려져 있는가로 결정돼. 그러니 남에게 보이기 위해 쌓은 인맥은 성공하는 데 도움이 되지 않지.

마지막은 기회주의[40]야. 일을 잘하는 사람들은 확고한 가치관이 있어. 그래서 자신과 다른 의견을 존중하지만, 자기 생각도 분명하게 전달하지. 간혹 누군가의 마음에 들기 위해 자신의 흥미와 가치관, 성격까지 바꾸는 사람이 있어. 하지만 그런 태도로는 아무에게도 신뢰를 얻지 못할 거야. 내가 지금 말한 6가지 사항을 주의하면서 실패하지 않도록 해봐."

"모두 저와는 거리가 먼 이야기네요. 걱정하지 마세요!"

"너는 상대에 따라 생각이 마구 흔들리는 걸 조심해."

"잔소리 그만! 걱정하지 말라고요"라고 소리치니 D가 "그러고 보니……"라면서 나를 보고 싱긋 웃었다.

"아까 마음에 둔 사람이 있다고 말했지. 여자? 남자?"

"정말 편견 없는 분이네요. 그런데 전 남자를 좋아한 적이 한 번도 없어요."

"그렇군. 같은 회사 여직원인가?"

"네, 제가 프로젝트 리더를 맡았을 때 사무 업무를 도와준 분이에요. 여러 가지로 도움을 많이 받아서……. 하지만 아직 썸 타는 관계도 아니에요."

D는 내 머리끝부터 발끝까지 천천히 살펴보더니 진지한 목소리로 이렇게 말했다.

"초절정 인기남까지는 아니더라도 조금 더 인기를 끌 법한 스타일을 찾으면 좋겠군."

익숙한 루틴에 새로운 행동을 연결하면 습관을 들이기 쉽다.

신뢰성과 성실성은 서로 이익을 얻는 관계에서 성립한다.

쓸데없는 편견에서 벗어나 사람을 관찰하라.

그러면 직감으로 사람을 판단해도 좋은 결과를 볼 수 있다.

나도 인기가 많으면
좋겠다고요

D와 알고 지낸 지 몇 달이 지났지만, 오랫동안 만난 절친도 아닌데 스타일 지적이라니! 정말 무례한 사람이다. 내가 정말 인기가 없는 줄 아나? 뭐, 물론 지금까지 이성에게 인기가 폭발했던 적은 없긴 하다.

"저도 인기가 많으면 좋겠어요. 평생에 딱 한 번만이라도요."

"인기남 좋지. 그런데 내가 마음에 둔 이성에게 호감을 얻는 것과 만인에게 호감을 얻는 건 완전히 다른 문제야. 사람들에게 인기가 많다고 해서 마음에 둔 상대가 날 좋아하리라는 법은 없거든. 사람은 모두 취향이 다르니까. 그런데 재미있는 게 뭔지 알아? 마음에 둔 이성에게 호감을 얻지 못하는 사람은 동성한테도 호감을 얻지 못한다는 사실이야."

"정말 너무하네요. 제가 여성에게 인기가 없으니 남성에게도 호감을 얻지 못한다는 말이에요? 아니거든요! 그리고 비웃을 게 아니라 인기가 많아지는 방법을 알려줘야죠!"

"일단 인기 없는 사람의 특징을 알아둬."

"인기 없는 사람의 특징이요? 좋아요. 가르쳐주세요."

"시드니대학에서 2,742명의 미혼 남녀를 대상으로 '이성에게 인기 없는 사람의 특징'에 관해 조사했어. 논문 제목은 '관계성의 파괴 요인'이지.

조사 방법은 간단해. 먼저, 본격적으로 조사를 시작하기 전에 92명의 학생에게 '사귀고 싶지 않은 유형'을 묻고 답변을 정리했어. 그 가운데 49개의 유형을 추린 다음, 새로운 295명의 학생에게 순위를 매기라고 했지. 그러고 나서 2,742명의 미혼 남녀에게 같은 설문 조사를 했어. 이 과정을 통해 찾은 '인기 없는 사람의 특징'은 전부 17개야. 하나씩 알려줄게."

"17개라니 어중간한 숫자네요. 크게 상관은 없지만요."

"먼저, 17위는 '근육이 너무 없는 사람'. 6%가 선택했지."

"아! 지난번에 제 체지방률을 비웃었을 때 말했던 그 연구군요. 그때 16위는 '근육이 너무 많은 사람'이었던 것 같은데?"

"맞아. 정확히 기억하고 있네. 하하하, 16위는 9%를 차지한 '근육이 너무 많은 사람'이야. 12위부터 15위까지는 모두 14%가 선택했어. 15위는 '이미 아이가 있는 사람', 14위는 '아이를 갖고 싶어 하지 않는 사람', 13위는 '무뚝뚝한 사람', 12위는 '너무 말이 없는 사람'이야. 그리고 11위는 23%가 선택한 '너무 말이 많은 사람'이지."

"정말 믿을 만한 자료 맞아요? 다들 자기가 하고 싶은 말만 한 것 같은데요."

"일단 끝까지 들어봐."

"10위부터는 제가 참고할 만한 내용이 나오나요?"

"글쎄. 10위부터 8위까지는 모두 33%의 사람들이 선택했어. 10위는 '자신의 의견을 굽히지 않고 완고한 사람', 9위는 '성욕이 적은 사람', 8위는 'TV를 너무 많이 보는 사람' 또는 '게임을 너무 많이 하는 사람'이야."

"하, 참고할 만한 이유는 10위 정도네요. 성격이 완고하면 인기가 없다. 그런데 성욕이 적어도 인기가 없나요? 남녀 모두에게 물어본 거 맞죠?"

"그만 따지도록 해. 계속해서 7위는 40%가 응답한 '자신감 없는 사람'이야."

"오, 이제야 참고할 만한 항목이 나오기 시작하는군요. 여자가 자신감 없는 남자를 좋아하지 않는다는 건 알았는데, 남자도 마찬가지였네요."

"6위는 47%가 선택한 '잠자리 기술이 서툰 사람'이야. 기술이라고 표현했지만, 엄밀히 말하면 상대가 무엇을 원하는지 모른다는 뜻이지."

"잠자리 기술이 6위라니. 왠지 자신이 없어지는데요."

"그럴 필요 없어. 오히려 자신감을 잃지 않도록 활용해봐. 기술 자체가 아니라 상대가 원하는 것을 파악하면 된다고."

"상대가 원하는 것이라……."

"5위는 49%가 선택한 '3시간 이상 걸리는 곳에 사는 사람'이야. 반박하기 전에 먼저 설명하자면, 만나는 데 너무 많은 수고가 들면 호감으로 연결되기 어려워. 자주 본 사람에게 호감이 생긴다는 에펠탑 효과(단순 노출 효과)[41] 들어봤어? 에펠탑을 처음 건립하려고 했을 때 프랑스 국민은 흉물스러운 철탑이라며 반발했대. 그런데 에펠탑을 계속 보며 익숙해지자 사람들의 마음이 돌아섰다고 해. 미국의 사회심리학자인 로버트 자이언스(Robert B. Zajonc)는 실험을 통해 이 효과를 증명하기도 했어. 그러니 우연히 만날 만큼 가까이 살아야 좋겠지."

"다행이다. 제가 마음에 둔 분이 어디에 사는지 자세히 모르지만, 도쿄에 산다고 했으니 3시간 이상은 걸리지 않을 거예요."

"좋은 소식이네. 게다가 같은 회사에 다닌다고 했으니 오며가며 만날 수도 있고. 다음으로 4위는 54%가 선택한 '유머 감각이 없는 사람'이야. 유머 감각이 뛰어난 사람은 머리 회전도 빠르고, 적응력도 높아 보이지. 그러니 유머를 적절히 섞는 화법을 익혀두는 게 좋아. 나처럼."

"하하하, 어련하시겠어요."

"다음 간다! 3위는 '지나치게 가난한 사람'이야. 63%가 선택했어."

"슬프네요. 결국 돈이 많아야 한다는 뜻인가요?"

"아니. 부자가 인기 많다고 하지 않았잖아. 단순히 '돈이 없다', '가난하다'와는 달라. '지나치게'가 핵심이야. 평범한 생활도 힘든 수준을 말하지. 사치를 부릴 필욘 없지만 돈을 과하게 아끼는 모습이나, 궁핍한 일상을 보이면 호감을 얻기 힘들어. 이건 남자든 여자든 마찬가지야.

2위는 '게으른 사람'. 무려 66%가 선택했어. 지나치게 가난한 사람보다 게으르고 나태한 사람이 더 인기가 없다니, 흥미롭지? 따라서 무언가를 열심히 하는 것이 중요해. 사람은 근면함에서 발전 가능성을 보거든. 나태한 모습을 소중한 사람에게 보여주면 존경받기 어려울 거야."

"항상 바쁘게 움직여야겠네요."

"인생의 모든 순간에 성실할 필요는 없어. 하지만 자신만의 철칙이 있거나 좋아하는 일에 열정을 쏟는 모습을 보이는 사람에게 매력을 느끼기 쉽지. 성별에 상관없이 말이야.

이는 어쩌면 본능이 보내는 위험 신호가 작동하기 때문인지도 몰라. 애초에 인간은 무리를 지어서 살아가는 동물이잖아. 그런데 게으른 자를 도와줘봤자 이득이 생기지 않거든. 생존 확률이 높아지기는커녕 살아남을 가능성이 줄어든다고."

"공감해요. 게으른 모습은 확실히 매력적으로 보이지 않더라고요. 얼마 전에 제가 프로젝트를 진행했잖아요. 리더를 맡으니 그동안 몰랐던 것들이 보이더라고요. 누가 게으른지도 다 알게 됐고요."

"마지막 1위다. 잘 들어."

"네!"

"대망의 1위는 '복장이 단정하지 않은 사람'. 무려 67%의 선택을 받았어. 남녀 모두에게 1위로 뽑혔지."

"옷차림이요?"

"단순히 옷차림이 아니라 청결에 신경 써야 해. 예를 들어, 구깃구깃한 셔츠를 그냥 입거나, 소매 끝에 때가 꼈거나, 매일 같은 옷을 입으면 매력이 떨어지지. 인기를 얻고 싶다면 1위부터 5위까지는 주의하는 게 좋아."

"에이, 제 복장은 아무 문제없어요. 빨래도 주기적으로 하고, 냄새도 안 나요. 적어도 타인에게 민폐는 끼치지 않는다고요."

"청결하다는 요소는 '더럽지 않다'가 아니라 '깔끔하다'에 가까워. 네 기준이 아니라 보는 사람의 기준으로! 가령, 지금 당장 고급 음식점에 가도 위화감이 없는 복장인지를 기준으로 삼는 사람도 있지."

"고급 음식점이라……. 패밀리 레스토랑보다 더 고급스럽고 비싼 곳을 말하는 거죠?"

"그렇지."

머릿속에서 내 옷장을 뒤적이다 야마구치 부장님과 D가 만났던 고급 음식점이 떠올랐다. 나에게는 그런 장소에 어울리는 옷이 한 벌도 없었다. D는 언제부터 고급 음식점에 다녔을까. 아니, 대체 무슨 일을 하는 걸까? 연봉은 어느 정도일까?

그보다 대체 나는 언제 연애를 할 수 있을까…….

"알겠어요. 좋아하는 사람과 가까운 곳에 살면서, 유머 감각을 갈고닦고, 너무 가난해지지 않게 돈도 관리하고, 부지런히 지내며, 청결함에도 신경 쓸게요.

하지만 여자들에게 이상형을 물어보면 '착한 사람'이라고 대답하잖아요. 제 입으로 말하려니 모양 빠지지만, 제가 진짜 착하거든요. 그녀도 착한 남자가 이상형이면 좋겠네요."

"그래. 다들 착한 사람이 좋다고 말하지. 하지만 아무리 친절하고 착해도 인기는 없을 수 있어. 실제로 2006년, 사우스캐롤라이나대학에서 191명의 남성에게 조사해보니, 착하기만 해서는 매력을 느끼기 힘들다는 결과가 나왔지."

"말도 안 돼. 왜요? 아! 좀 얕보려나요? 그럼 일부러 차갑게 굴면서 관심을 끌어야 하나? 나쁜 남자가 매력적이라는 말을 들어봤는데."

"그건 정말 어리석은 생각이야. 그런 얕은수에 넘어갈 사람은 별로 없어."

"대체 왜 착한 사람이 인기가 없는 건데요?"

"성별에 상관없이 착한 사람은 공감 능력[42]이 지나치게 높은 경우가 많아. 예를 들어, 지금 네가 마음에 둔 여성이 여러 남자에게 고백받았다는 사실을 알면 넌 어떻게 할 거지?"

"음, 워낙 괜찮은 사람이라서 당연하다 생각하겠지만, 한편으론 마음이 복잡할 것 같아요."

"그 상황에서도 상대에게 고백할 건가?"

"네, 아마도……."

"만약 너와 친한 동료나 선배도 그 사람에게 고백했다면 어떻게 할 거지? 그래도 네 마음을 전할 건가?"

"음……. 글쎄요. 어떻게 해야 할까요? 그 여자분 역시 직장에서 동시에 두 사람에게 고백받으면 곤혹스러울 테고, 만약 동료나 선배가 거절당한다면 그 상황도 어색할 테고요."

"그럼 포기할 텐가?"

"서두르지 않고 시간을 가질지도 몰라요."

"역시 그렇군. 네가 착한 건 알겠어. 그러나 공감 능력이 너무 높으면 상대의 기분이나 사정을 생각하느라 고백도 못 하기 쉬워. 만약 공감 능력이 낮은 다른 남자가 그녀에게 호감을 갖고 있다고 해보자. 그러면 네가 생각할 시간을 갖는 동안, 그 남자는 바로 고백해서 어쩌면 두 사람이 결혼할지도 몰라. 공감 능력이 높은 상대는 연인으론 좋지만, 사귀기 전에는 그것이 방해될 수도 있다고. 무슨 말인지 알겠어?"

"하지만 그녀가 나 같은 남자를 좋아할지, 어떤 남자에게 끌리는지도 전혀 모르는데요. 그녀가 어떤 사람을 좋아하는지 미리 물어봐야 할까요?"

"상대의 취향을 알아서 뭐 하게? 만약 그녀가 '키 큰 사람이 좋아요'라고 하면 어떻게 하려고. 지금 165센티미터인 키를 갑자기 180센티미터로 키울 수도 없잖아.”

"167이거든요! 뭐, 그렇긴 하죠. 하지만 외모 말고 내면을 본다면 미리 노력할 수 있을지도 모르잖아요.”

"2006년에 영국에서 가장 큰 소개팅 사이트를 분석한 연구가 있어. 등록자 3,600명의 자료를 바탕으로 남녀의 취향을 분석했지. 듣고 싶나?”

"일단 들어볼게요. 영국인 취향이라 저와 전혀 공통점이 없을 것 같지만요.”

"마음에 썩 드는 태도는 아닌데, 아무튼 분석한 결과 5가지 사실을 알 수 있었어. 첫째, 여자는 기본적으로 키 큰 남자를 선호한다. 둘째, 여자는 경제적으로 여유로운 남자를 선호한다. 셋째, 남자는 날씬한 여자를 선호한다. 넷째, 남녀 모두 담배를 피우지 않는 사람을 선호한다. 다섯째, 남녀 모두 좋은 직업을 가진 사람을 선호한다. 이상이야. 영국인을 대상으로 한 분석이지만, 우리나라와도 비슷해. 슬프지?”

"조금요. 그래도 저는 담배를 피우지 않아서 다행이네요.”

"하지만 당연히 이상과 현실은 다르고, 인간은 그 안에서 절충하면서 살아가. 인간이 정말로 이상형만 원한다면 여자는 키 크고 담배를 피우지 않는 돈 많은 남자하고만 사귀겠지. 남자 역시 날씬하고 담배를 피우지 않는, 좋은 직업을 가진 여자하고만 사귈 거야. 하지만 그렇지 않다는 사실은 주변만 보더라도 알 수 있잖아. 하하하.”

"그건 그래요. 담배를 피우지 않아야 인기가 있다지만, 담배를 피우는 사람도 연인이 있고, 무슨 일을 하든지 연애를 할 사람은 하고 안 할 사람은 안 하잖아요."

"실제로 후속 연구에서는 무려 98%가 자신의 이상형을 쉽게 바꿨다는 사실이 밝혀졌어. 거의 모든 사람이 이상형을 바꾼 셈이니 희망을 잃지 마. 내가 상대의 이상형과 전혀 달라도 얼마든지 가능성이 있다는 뜻이니까. 이상형 기준을 바꾸지 않고 마지막까지 관철한 사람은 고작 2%뿐이었다고."

"제가 좋아하는 사람이 그 2%에 속하지 않는다면 연인이 될 수도 있겠네요!"

"사회심리학자 샘 소머스의《무엇이 우리의 선택을 좌우하는가》(청림출판, 2013)에 따르면, 인간은 자신의 판단으로 모든 것을 결정한다고 생각하지만, 실제로는 상황에 굉장히 많은 영향을 받는다고 해. 그렇다면 연애에 무엇이 영향을 미칠까? 궁금하지? 크게 5가지야. 메모하라고."

"네! 준비 완료입니다!"

"첫째, 생활권이 가깝다. 둘째, 만날 기회가 많다."

"아까 말했던 에펠탑 효과군요."

"하하하, 그래. 기억력이 점점 좋아지네. 셋째, 상호 이익이 있다. 넷째, 넘어야 할 장애물이 있다. 다섯째, 비슷한 점이 있다."

"흠, 지금 말한 3가지는 조금 심오한데요. 작전을 세워야 할 것 같아요⋯⋯"

"만약 그녀와 연인이 된다면 네가 야마구치 부장님에게 서류를 전해줬던 그 가게를 두 사람에게 소개하지. 내 소개로 가면 서비스를 받을지도 몰라."

"와! 정말요? 감사해요. 평소에 그런 식당에 드나들다니, 당신 진짜 무슨 일을 하는 거예요? 아, 하지만 그곳은 최고급 음식점이잖아요. 예산이 어느 정도 필요할까요? 역시 비싸겠죠?"

"주문하는 메뉴에 따라 다르겠지만, 아마 한 사람당 2만 엔 정도일걸. 3만 엔은 넘지 않을 거야."

"2만 엔? 한 사람당 2만 엔이요? 두 명이면 4만 엔……. 오, 절대 안 돼요. 지금 저에게는 무리예요. 한 번은 어떻게 밥을 산다고 쳐도 그런 허세는 오래 유지할 수 없을 거라고요."

"그 정도는 쓸 만큼 여유 있을 줄 알았는데 유감이네."

"돈 없다고 저를 무시하는 건 아니죠? 하, 사실 이것도 고민이에요. 저도 이제 '땡전 한 푼 없어!'라면서 히죽히죽 웃을 나이가 아닌데, 어떻게 하면 돈을 모을 수 있을까요?"

돈을 모을 수 없는 이유

"모아놓은 돈은 있나?"

"아뇨……."

"왜 없지?"

"정말 천진난만한 얼굴로 물어보시네요. 애초에 월급이 적어서 저축은 도저히 할 수 없어요. 새로운 일을 시작할 용기도 없고, 돈을 모으려고 다짐해도 의지력이 약해서 안 되더라고요."

"지금 한 변명이 진심이라면 대화는 여기서 끝내도록 하지."

"죄송해요. 용기가 없고, 의지력이 약하다는 말은 농담이었어요. 월급이 적은 것은 사실이지만. 물론 저보다 월급을 적게 받아도 저축하는 사람은 있겠죠……?"

"당연하지. 너처럼 저축을 못 하는 사람은 소비에 관한 정보 관리를 못 하는 경우가 많아. 즉, 무엇을 아끼면 돈을 모을 수 있는지, 반대로 무엇에 돈을 쓰면 벌 수 있는지 모르는 거지. 저축을 하려면 돈이 낭비되는 부분부터 줄여야 하는데, 전혀 상관없는 부분부터 줄이는 거야."

"무슨 소리예요. 저는 절약하려고 편의점 커피를 끊었어요. 장을 볼 때에는 비닐봉지를 사지 않고 에코백을 쓰고요. 실제로 그렇게 돈을 모으는 사람도 있을 테고 좋은 방법 아닌가요?"

"인간은 충동적으로 쓰는 돈을 낭비라고 생각하곤 해. 하지만 그보다 더 일상적인 소비를 줄여야 해. 예를 들어, 도심에 산다면 웬만해서는 차가 필요 없어. 대중교통을 이용하기 편하니까. 차가 있다면 불필요한 비용만 나가지. 적게 잡아도 주차장 요금이 한 달에 2만 엔, 한 달 대출 상환액이 10만 엔이라 치자. 이 비용도 무시할 수 없지만, 여기에 유지비와 세금까지 나가.

만약 한 달에 약 12만 엔을 대중교통 요금과 택시비, 렌터카

비용으로 썼다고 생각해봐. 꽤 사치스러운 금액이지? 그러니 헛된 꿈과 고집을 버리고 현실적으로 계산해야 해."

"그렇군요. 하지만 차를 갖고 싶은 마음은 이해돼요. 연인과 드라이브도 할 수 있잖아요."

"드라이브 갈 때는 렌터카를 빌리면 되잖아. 매번 좋아하는 차종을 선택할 수도 있어."

"그건 그렇네요."

"돈을 어디에 쓰는지, 어디에서 줄여야 하는지 등 정보가 모호하거나 너무 많으면, 돈을 모으기 어려워. 그저 그때그때 상황에 따라 돈을 쓸지 말지 판단할 뿐이지. 그러니까 정확한 근거도 없이 '데이트하려면 차가 있는 편이 좋다'라는 생각 따위를 하는 거야. 결국 돈을 모으지 못하는 이유는 의지력의 문제가 아니라, 보이지 않는 곳에서 돈을 다 쓰기 때문이지."

"그럼 외식도 줄여야 하겠네요. 아! 저 요즘 라면이나 패스트 푸드는 잘 안 먹어요. 그 대신 소고기덮밥 같은 음식을 사 먹곤 해요. 소고기덮밥 먹어본 적 있어요? 없을 것 같은데."

"없어. 돈이 없던 시절도 있었지만, 소고기덮밥을 먹을 바엔 헌책방에서 책을 샀으니까. 뭐, 그래도 너는 차가 없으니 크게 소비를 줄일 곳이 없긴 하네……."

"그렇다니까요. 주거비는 더 이상 줄일 수 없어요. 대신 저렴한 옷을 사고, 식비도 최대한 아끼는 중이에요. 과자를 먹고 싶어도 참고요. 세세한 부분에서 줄이지 않으면 안 돼요."

"인간은 참 재미있는 존재라서, 누가 '지난주에 돈을 얼마나 썼어요?'라고 물은 다음에 '그럼 이번 주에는 얼마나 쓸 계획이에요?'라고 물어보면 놀라울 정도로 낮은 금액을 말한다고 해. 과거의 행동을 정당화하고 희망찬 미래를 맞이하고 싶다는 인간의 본능에서 비롯된 행동이지.

따라서 너처럼 확실한 목적도 없이 자잘한 소비를 줄이면 어느 날 갑자기 '지금까지 노력했으니까 오늘 하루쯤은 보상으로 비싼 커피를 마셔야지!'라면서 쓸데없는 소비를 하게 돼. 결국 머릿속에서 계산한 금액과 실제로 손에 남아 있는 금액에 차이가 생기는 거야."

"소비 욕구를 잘 참아야겠네요."

"하하하, 그냥 참는 건 답이 아니야. 계속 억지로 참으면 스트레스만 쌓여. 2017년, 시카고대학에서 '좋은 습관을 만드는 사람의 특징'을 조사해 논문을 발표했어. 논문에는 5개의 실험을 통해 알게 된 흥미로운 사실이 소개됐지. 뭔지 알아? 단순히 욕망을 잘 참는 사람은 장기적인 습관 만들기에 곧잘 실패하더란 거야.

목표를 잘 달성하는 사람은 '눈앞의 다른 기쁨'을 계속해서 만들어. 즉, 어떤 목표든 잘 달성하는 사람은 단순히 참을성이 강한 사람이 아니야. 눈앞의 기쁨을 다른 곳에서 찾으면서 앞으로 나아가는 사람이지."

"일상생활에서 자잘한 소비도 줄일 필요 없다. 그렇다고 단순히 참는 것도 효과적이지 않다. 그럼, 대체 어떻게 해야 돈을 모을 수 있죠?”

“‘재무심리학[43]’분야의 개척자로 알려진 브래드 클론츠(Brad Klontz) 박사팀이 2017년에 미국 크레이튼대학에서 재미있는 실험을 했어. 참가자들을 두 그룹으로 나눠 각각 저축액이 어느 정도 변하는지 조사하는 실험이었지. 너를 위해 결론부터 말하자면, 한 그룹은 고작 3주 만에 저축액을 67%나 늘렸어. 참가자들은 평균 연봉을 받았으니까 1년 만에 112만 엔 정도 모을 수 있다는 사실을 증명한 거야. 어때? 희망이 보이지?”

“와, 대체 무슨 방법이죠?”

“바로 🔮Work 6 노스탤지어 전략(196쪽)[44]이야.”

“노, 노스탤지어?”

“그래. 노스탤지어는 ‘그리운’, ‘향수 가득한’이라는 의미야. 그리움을 활용한 방법이지. 먼저, 과거를 떠올릴 만한 물건을 준비해. 어린 시절에 갖고 놀았던 장난감, 어린 시절 사진이나 졸업앨범 등 무엇이든 좋아. 놀랍게도 추억의 물건을 보고 감상에 젖으면 저축할 수 있다고 해.”

“에이, 말도 안 돼요. 그렇게 쉽게 돈을 모을 수 있으면 다들 부자가 됐겠죠. 아무것도 하지 않고 그냥 장난감을 보라는 거잖아요. 그보다 돈 공부를 하는 편이 더 효과적이지 않을까요?”

“그게 다른 그룹이었어. 미국 은행 측의 지원을 받아서 저축의 중요성이나 복리의 힘, 다양한 저축 전략에 대한 강의를 들었지.”

"그 그룹의 결과는 어땠나요?"

"3주 동안 저축액이 22% 증가했어. 물론 꽤 괜찮은 수치야. 다만, 추억의 물건을 준비한 그룹의 저축액이 약 3배 더 늘었지. 나도 결과를 보고 놀랐어. 게다가 모든 참가자에게 저축액의 추이를 조사하는 실험임을 밝히지 않았어. 혹시나 미리 밝히면 의식적으로 저축 금액을 늘릴 수도 있잖아. 그런 상황을 방지하기 위한 조치였지. 참가자들은 저축액의 추이를 조사하는 실험이라는 사실을 모르는데도 저축을 한 거야."

"우연 아닐까요? 그리움이 저축으로 연결되는 이유를 도무지 모르겠어요."

"우연은 아니야. 이 실험은 미국의 5개 도시에서 진행됐는데, 3주 뒤에 보니, 참가자들이 수입의 꽤 높은 비율을 저축했다는 결과가 나왔어. 모든 주에서 말이야. 보스턴에서는 평균 75% 증가, 오스틴에서는 40% 증가, 시애틀에서는 47% 증가, 애틀랜타에서는 137% 증가, 댈러스에서는 115% 증가했지. 이 결과를 보면 절대 우연이라고 할 수 없어."

"대체 이유가 뭐예요? 추억이 행동을 바꾼다는 뜻인가요?"

"그래. 일단 사진이나 장난감을 보고 왜 그리움을 느끼는지 생각해봐. 아마 즐거웠던 어린 시절, 세상은 안전한 곳이라고 당연하게 여겼던 유소년기의 기억, 아낌없이 사랑을 주셨던 할아버지와 할머니, 쓸데없는 걱정 따위 없었던 해맑은 시간, 어떤 위험에도 나를 보호해주던 부모님이 떠오를 거야. 이렇듯 추억의 물건에서 긍정적인 감정을 끌어내야 해. 그리고 그 감정을 자신의 가치관에 연결하는 거야."

"예를 들면요?"

"이미 결혼했다면 '내 가족에게도 즐거운 시간을 만들어줘야 지', '아이들이 안전하게 클 수 있는 환경을 만들어야지'처럼. 결혼하지 않았다면 언젠가 꾸릴 가족을 위한, 또는 부모님을 위한 행동으로 연결하면 효과적이야.

그다음에는 쉽게 동기부여를 얻도록 시각 자료를 준비하는 거야. 목표를 이미지로 만들어 벽에 붙이거나 스마트폰 화면으로 설정해. 마지막으로 은행 계좌를 만들어서 '내년 유럽 가족여행 적금'처럼 이름을 붙이고 매월 자동이체로 적금하는 거지."

"간단하네요."

"이렇게 클론츠 박사팀은 과거에 대한 긍정적인 마음이 저축 행동으로 이어지게끔 도와 저축 습관을 잠재적으로 개선할 수 있음을 증명했어."

"그렇군요. 처음에 들었을 때는 믿기 힘들었는데, 확실한 근거가 있었네요."

"정말 의심이 많은 편이라니까. 혹시 내 말만 못 믿는 건가? 지금 말해줄 내용도 안 믿을지 모르지만, 자제력과 관련한 연구 결과도 알려줄게. 아까 네가 소비 욕구를 참아야겠다고 말했으니 까. 어느 연구 결과에 따르면, 매일 감사 일기를 쓰기만 해도 자제력을 기를 수 있다고 해.

우리는 당장의 욕구와 미래를 위한 인내 가운데 무엇을 선택할지 매일 기로에 서잖아. 돈 문제라면 비교적 냉정하게 판단할 수 있는 사람이 많을 거야. 하지만 맛있는 음식을 예로 들어볼까? 지금 케이크 한 조각을 먹지 않으면 몇 개월 뒤에 복근이 생길지도 몰라. 너라면 어떻게 할 것 같아?"

"아마 먹겠죠. 헤헤, 그런데 갑자기 감사 일기요?"

"역시 그럴 줄 알았어. 가령 '부모님 덕분에 이 자리에 있다. 그러니 부모님을 실망시키지 말자'라고 생각하면 자제할 힘이 생겨. 쓸데없는 소비뿐만이 아냐. 매일 감사 일기를 쓰면 과식할 확률도 줄고, 흡연자는 금연 성공률도 올라가. 이에 관해 지금도 여러 연구가 진행 중이지만, 그 효과만큼은 확실해."

"누군가에 대한 감사함이 마음을 가득 채우면 부정적인 감정은 생기지 않겠네요. 아마 감사함을 보답하고 싶은 마음에 좀 더 노력할 것 같아요. 외로운 기분이 들지 않으니 꾸준히 노력할 수 있을 테고, '딱 한 번뿐인데 어때'라는 생각도 안 할 것 같아요."

"바로 그거야. 마지막으로 순환형 사고[45]를 가르쳐줄게. 인생은 마치 습관이 차곡차곡 쌓인 크레이프 케이크와 같아. 여러 연구 결과가 이를 뒷받침하지. 하루하루를 생각해봐. 매일 같은 일상이 반복되잖아. 이때 매일 하는 생각을 '순환형 사고'라고 해. 2013년에 텍사스주에 있는 라이스대학에서 순환형 사고와 저축을 연결한 연구를 했어."

"매일 같은 일상이 반복된다니, 좀 허무하네요."

"연구 결과를 들으면 허무한 마음이 사라질걸? 다시 연구에 관해 설명할게. 먼저 라이스대학의 연구팀은 참가자들을 두 그룹으로 나눴어. 그리고 A그룹에는 '2주 동안 저축액을 늘려주세요'라고 말하고, B그룹에는 매일 같은 일상이 반복된다는 점만 의식하면서 생활하라고 했지. 어떤 결과가 나왔을까? 놀랍게도 B그룹의 저축액이 무려 82%나 늘었어. 구체적인 저축 방법을 전혀 알려주지 않았는데도 말이야."

"오늘에 집중하며 살아야 한다는 의미인가요? 저는 '오늘 망해도 내일이 있다'라고 생각하거든요. 시간은 무한하다고 믿는 달까?"

"너는 '오늘 돈을 쓰고 내일은 참자'라고 생각하지? 그런 생각은 위험해. 내일이 되면 또 반복되거든. 내일은 오늘의 연장선이니까."

"정말 그것만 깨달아도 돈을 모을 수 있다고요?"

"응. 돈을 모으겠다고 결심하면 대부분 목표 금액부터 정하려고 해. '100만 엔을 모으자!' 이러면서. 그러나 그보다 반복되는 사고를 발견하는 것이 더 중요해. 다이어트도 마찬가지야. 두 달 안에 6킬로그램을 빼자고 목표를 정하기보다 '오늘 이렇게 많이 먹으면 내일도 똑같이 반복될 거야'라고 생각해야 다이어트 성공 확률이 높아진다는 연구 결과도 있어."

"솔직히 말하면, 소비도, 먹는 것도 매일매일 반복된다는 게 잘 이해되지 않아요."

"다음에 올 때 일주일 동안의 소비 내역을 가지고 와. 내 말을 영 믿지 못하니, 일주일 동안의 소비 내역을 보며 직접 확인해보는 편이 좋겠군. 마음에 둔 사람이랑 어떻게 될지도 궁금하고."

"알겠어요. 한번 해볼게요."

나는 마음을 다진 채 공원을 나섰다.

호감을 얻지 못하는 가장 큰 이유는 지저분함과 게으름이다.

매일 같은 일상이 반복된다는 사실을 깨달아야

성공에 가까워질 수 있다.

습관을 들이는 가장 확실한 방법, 이프덴 플래닝

If(만약)와 Then(그러면), 즉 'A의 상황이 되면 B를 한다'라는 식으로 조
건을 정해 B라는 행동을 습관으로 만드는 방법입니다. 이미 익숙한 습
관 A에 새롭게 습관을 들이고 싶은 행동 B를 연결해보세요.

1. A의 조건
① 이미 몸에 밴 행동
② 언제나 같은 시간에 하는 행동
③ 언제나 안정적으로 같은 장소에서 하는 행동
예: 커튼 열기, 양치하기, 목욕하기 등

2. 이프덴 플래닝

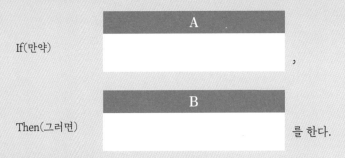

If(만약)

A

,

Then(그러면)

B

를 한다.

저축액을 67% 늘리는 노스탤지어 전략

노스탤지어 전략은 '재무심리학'의 개척자로 알려진 브래드 클론츠 박
사팀이 실시한 실험에서 고작 3주 만에 저축액을 67% 늘린 전략입니
다. 과거에 대한 긍정적인 마음이 저축 행동으로 이어지게끔 도와 저축
습관을 잠재적으로 개선할 수 있습니다.

1단계. 과거를 떠올릴 수 있는 추억의 물건을 준비한다.

예: 어린 시절 갖고 놀았던 장난감이나 인형, 어린 시절 사진, 졸업앨범 등

2단계. 왜 그 물건에 긍정적인 감정을 느끼는지 생각해본다.

예: 즐거웠던 어린 시절, 아낌없이 사랑을 주셨던 할아버지와 할머니, 어떤
위험에도 나를 보호해주셨던 부모님 등

3단계. 2단계의 감정을 자신의 가치관과 연결한다.

예 : 내 가족에게도 즐거운 시간을 만들어줘야지, 아이들이 안전하게 클 수
있는 환경을 만들어야지 등

4단계. 쉽게 동기부여를 얻도록 시각 자료를 준비한다.

예 : 3단계의 이미지를 벽에 붙이거나 스마트폰의 화면으로 설정한다.

5단계. 새롭게 은행 계좌를 만들고 자동이체를 건다.

예 : 3단계, 4단계를 통해 세운 목표를 달성하기 위한 계좌를 만든다. 그리고
'내년 유럽 가족여행 적금'처럼 이름을 붙인 뒤 매월 자동이체를 설정한다.

겨우 사귀게 된 여자친구의 말을 의심하는 쇼타.
그런 쇼타에게 거짓말을 판별하는 기술과
미련을 끊는 방법을 전수하는 D.
드디어 앞으로 나아가기 시작한
쇼타의 결심은 무엇일까?

평생 내 인생을 함께할 '나'를
더 근사하게 만드는 도약의 순간에 대하여

5장

성장

더 넓은 세상을 만날
그날을 위해

미련이라는 고리를
끊으니

그날, 나는 반드시 D를 만나야만 했다.

반드시…….

이틀 전의 일이다.

드물게 빨리 일을 마친 나는 굉장히 신난 상태였다. 어찌나 들떴는지 절로 콧노래가 나왔다. 일하는 속도가 붙은 데는 D의 영향도 컸다. 예를 들어, 보고서를 작성하다 막힐 때면 D에게 배운 호흡법을 했다. 그러고 나면 신기하게도 눈앞이 맑아지고 집중력이 올라갔다.

아무튼 그날 오후, 나는 나오와 영화를 보러 갈 생각에 들떠 있었다. 아, 나오는 한 달 전부터 사귀기 시작한 내 '여자친구'다. 프로젝트를 함께하며 호감이 생겼고, 그녀를 놓치기 싫다는 생각에 큰마음 먹고 고백했다. 눈에 띄는 미인은 아니지만 내 눈에는 가장 사랑스러운 사람이다. 그런 그녀가 내 고백을 받아주다니. 나도 썩 나쁜 편은 아닌 모양이다.

다시 본론으로 돌아와서, 지금부턴 그날의 시점에서 이야기해보겠다.

일을 모두 마친 나는 나오에게 '오늘 저녁에 영화 보러 갈래?'라고 메시지를 보냈다. 하지만 퇴근 시간이 다 되도록 답장이 없었다. 마음이 급해진 나는 나오에게 직접 물어보러 가려고 엘리베이터로 향했다. 그런데 모든 엘리베이터가 위로 올라가는 중 아닌가! 다행히 나오의 부서는 한 층 위에 있어서 나는 계단을 성큼성큼 올라갔다. 그런데 그때 다정한 말소리가 들렸다.

"어쩔 수 없잖아. ……오늘 밤이라면 ……일 거 같으니까."

"네? 왜요~?"

중간중간 들리지 않던 남자의 말이 끝나자, 조금 애교 섞인 여자의 목소리가 물었다. 목소리가 들리는 거리로 추측하건대, 아무래도 탕비실 앞에서 이야기를 나누는 듯했다. 마치 계단을 이용하는 사람이 거의 없어서 방심한 연인의 대화 같았다.

'에이, 이런 곳에서 데이트 약속 잡지 말라고. 나도 데이트 약속을 잡으러 가는 중이긴 하지만.'

의문의 커플에게 마음속으로 한마디 하면서 복도로 휙 얼굴을 내밀었다. 그런데 그곳엔 뜻밖의 인물이 서 있었다.

'왜 나오가 여기에 있는 거야? 옆엔 니야 과장님?'

예상치 못한 광경에 머릿속이 새하얘졌다.

깨지고 만 연애의 달콤한 꿈

"그래서 아무것도 묻지 못하고 그대로 집으로 갔다고? 심지어 오늘 아침까지 36시간 넘게 집에서 한 발짝도 나오지 않았고? 어제는 모처럼 화창한 토요일이었는데, 쯧."

D는 그렇게 말하더니 어이없다는 듯이 혀를 찼다.

"그 자리에서 뭘 물을 정신이 있겠어요? 니야 과장님은 결혼했고, 아이도 있어요. 그걸 아는데 두 사람에게 뭘 묻냐고요."

"아무렇지 않은 듯 '살짝 들렸는데, 오늘 밤에 두 분이 약속 있으세요?'라고 물어보지. 상대의 일정을 모르면 영화도 예매할 수 없으니까."

"허, 두 사람이 바람피우는 현장을 제 두 눈으로 봤는데 영화가 보고 싶겠어요?"

"바람피웠다고 본인들이 인정했어?"

"그럴 리가 없잖아요. 하지만 말하지 않아도 알죠. 사람들 눈에 띄지 않는 곳에서 몰래 약속을 잡는 듯한 대화를 나누는 것만 봐도 이상하니까. 게다가 니야 과장님은 나오와는 아무런 관련이 없는 부서예요. 제 프로젝트에 여러 조언을 해주셨지만. 앗! 그때 서로 알게 된 거구나. 하, 그런 거였어."

"그래서 바람을 피웠다고 믿는 거야?"

"네."

"남자가 '어쩔 수 없잖아. ……오늘 밤이라면 ……일 거 같으니까'라고 말했다고 했지. 만약 '어쩔 수 없잖아. 좋아하는 TV 프로그램을 오늘 밤이라면 녹화할 수 있을 거 같으니까'라고 말했다면 바람이야?'"

"제가 바보인 줄 아세요? TV 이야기일 리 없잖아요. 그 정도는 저도 알아요."

"이봐, 섣불리 단정 짓지 마. 본인에게 확인도 안 했다면서?"

"나중에 나오에게 메시지가 왔어요."

"뭐라고 왔는데?"

"'영화, 대답 못 해서 미안해. 그리고 조금 전엔 오해한 거 같은데 화났어?'라고요."

"그래서 뭐라고 답했어?"

"'딱히……'라고 보냈죠. 길게 말할 기분도 아니고."

"제대로 대화를 나눠야지. 초등학생도 아니고."

"하, 그러고 나서 다시 답이 왔어요. '화났다는 뜻이지?'라고요."

"하하하, 간파당했군."

D는 늘 그렇듯 날 비웃었다. 나는 스마트폰을 꺼내서 나오에게 온 메시지를 읽었다.

"'사실은 지난주에 니야 과장님에게 이직 상담을 했어. 쇼타에게 미리 말 안 해서 미안해. 내가 가고 싶은 회사 인사부에 니야 과장님의 친한 선배가 있거든. 과장님이 조만간 그 선배와 만날 건데 함께 가자고 하시더라고. 그게 오늘이었어. 쇼타가 영화 보러 가자고 하기 전이어서 갈 생각이었는데, 니야 과장님이 갑자기 약속을 취소하셨어. 그 이유를 물을 때 쇼타가 온 거야.'"

D는 팔짱을 낀 채 듣다가 눈썹을 살짝 찡그렸다.

"마지막으로 '쇼타가 오해하지 않았으면 좋겠어. 만나서 얘기할 수 있을까?'라고 왔어요."

"그래서 답장은 했어?"

"아뇨, 아직 안 했어요."

"그렇군⋯⋯. 그래서 너는 어떻게 하고 싶은데?"

"그걸 알면 여기에 안 왔겠죠."

"일단 너의 마음을 결정해야지. 유감스럽지만 그 누구도 네가 어떻게 하고 싶은지 알 수 없어. 정말 바람피운 건지 확인하거나, 아니면 묻지 않고 넘어가거나. 만약 그러면 나오와 계속 만날지 헤어질지도 정해야지."

"솔직히 진짜 모르겠어요. 나오는 이직 상담을 했을 뿐이라고 말하고, 나도 그 말을 믿고 싶어요. 하지만 왠지 못 믿겠어요."

"여자친구를 믿을 수 없는 이유는 그녀의 메시지 때문일지도 몰라. 긴 메시지가 설득 행동[46]으로 느껴진 거지."

"설득 행동?"

"그래. 상대를 설득해야만 하는, 믿게 해야만 한다는 심리 때문에 평소보다 말이 길어지고 자세하게 설명하려는 행동을 말해. 예를 들어, 평소라면 '어제는 회식이었어' 정도로 이야기하는 사람이 '어제는 선배 A가 술을 마시자고 해서 후배 B랑 함께 회사

옆의 C라는 가게에서 새벽 2시까지 마셨어'라며 자세하게 말하는 식이지. 이건……."

D는 잠시 말을 끊더니 조심스레 말했다.

"거짓말을 할 때 나타나는 특징이야."

"거, 거짓말? 또 알기 쉬운 특징이 있나요?"

피노키오처럼 숨길 수 없는 거짓말의 증거

"2016년, 애리조나대학에서 흥미로운 연구를 했어. 대기업 CEO들의 회사 결산 보고 발표를 수천 건 선별해서 실제 실적과 비교하고, 거짓말이나 과장을 얼마나 섞었는지 분석했지. 그 결과, 거짓말할 때 자주 보인다고 알려진 행동, 즉 '얼굴을 자꾸 만진다, 시선을 피한다, 안절부절못한다' 같은 행동은 실제로 거짓말을 판별하는 데 거의 도움이 되지 않는다는 사실이 밝혀졌어."

"정말요?"

"오히려 다른 특징이 드러났지. 방금 말했듯 💡Work 7 설득 행동과 회피 행동(246쪽)[47]이 늘어난 거야."

"설득과 회피는 거짓말할 때 나타난다……."

"그래. 말투나 행동이 아니라, 상대가 말하는 내용에 주목해야 해. 눈을 감고 귀로 들리는 정보에 주목하면 거짓말을 알아차리기 쉬워."

"더 자세히 알려주세요. 거짓말을 안 들키려고 구체적으로 설명해서 진실처럼 들리게 만든다는 건가요?"

"맞아. 특히 시간 순서대로 설명하려는 경향을 보여. 예를 들어, '어제는 퇴근하고 후배가 술 마시러 가자고 해서 4명이 술자리를 가졌어. 너무 비싼 가게는 피하려고 역 근처의 비교적 싼 술집에 갔지. 그런데 그날따라 후배들이 과음을 하더라고. 처음에는 맥주를 마셨는데 갑자기 소주까지 시켜서 정말 곤란했어'라는 식으로 시간 순서대로 장황하게 설명하곤 하지."

"하지만 진실일 수도 있잖아요. 간혹 저도 굉장히 즐거웠거나 이상한 경험을 하면 자세하게 설명하는데요."

"물론 사실일 때도 있겠지. 그런데 거짓말을 하는 사람은 끝까지 이야기를 다 하고 나면 '할 일 완료'라고 생각해서 마음을 놓아. 그래서 자신이 했던 거짓말을 잊어버리곤 하지.

그러니까 거짓말인지 알고 싶으면 '방금 말한 이야기 거짓말이지?'라고 따지지 말고, 재미있다는 듯이 '그래서? 그다음엔?'이라고 물어봐. 상대가 계속 이야기하도록 유도하는 거지. 거짓말인지 아닌지를 판별하려면 정보를 더 많이 끌어내야 쉽거든.

또 상대가 이야기를 마쳐서 안심할 때 세세하게 질문해봐. '동기와 둘이 술 마신 건 오랜만 아냐?' 이런 식으로 함정 질문을 하는 것도 좋아. 그때 '동기 말고 후배들이랑 마셨어' 또는 '둘이 아니라 넷' 이런 식으로 앞에서 한 말과 일치하는지 봐야 해. 꾸민 이야기라면 당연히 모순되는 답이 나오겠지."

"그렇군요……. 하지만 나오는 메시지를 보냈으니까 언제든 자신이 했던 말을 확인할 수 있잖아요. 그러니 만약 거짓말이라고 해도 판별하기 어려울 거예요."

"메시지라도 거짓말인지 확인할 방법이 있는데, 나오의 메시지는 판단하기엔 너무 짧아. 보통 전혀 없는 이야기를 거짓으로 지어내진 않거든. 기본 배경 없이 이야기를 만들기는 꽤 어려우니까. 대부분 진실 속에 적당히 거짓말을 섞기 때문에 눈치채기가 어려워.

가령 바람을 피우고 있다고 해봐. 바람피우는 상대방과 프렌치 레스토랑에 다녀왔어. 이 일을 연인에게 말할 때 후배랑 처음 가보는 술집에 다녀왔다고 완전히 바꿔 말하진 않아. 의심받지 않을 만한 사람과 프렌치 레스토랑에 다녀왔다고 거짓말을 하거나, 꼬치꼬치 캐물어도 당황하지 않도록 단골 가게에 후배와 다녀왔다고 말하지. 내가 거짓말을 한다면 어느 부분에 거짓말을 섞을지 상상해보면 다른 사람의 거짓말 포인트도 보이기 마련이야. 사람들이 생각하는 방향은 거의 비슷하거든."

D의 말에 머릿속이 더 복잡해졌다. 나오의 말은 거짓일까, 진실일까. 아무리 생각해도 모르겠다. 어쩌면 나오를 믿고 싶은 간절한 마음에 진실이 보이지 않는 걸지도.

"그동안 받은 메시지만으로는 사실을 알 수 없을까요? 당신은 아는 게 많으니까 거짓말을 눈치챌 수도 있잖아요. 그렇죠?"

"흠, 안타깝지만 나도 거짓말을 구분하는 건 쉽지 않아. 다만,

거짓말할 때 '사실은', '솔직히 말하면', '놀랄지도 모르지만' 등을 써서 도입부가 길어진다는 특징도 나타난다고 해. 도입부를 늘리면 자기 자신을 안정시킬 수 있고, 머릿속에서 이야기를 정리할 시간도 확보할 수 있어. 물론 평소에도 도입부를 길게 말하는 사람이라면 평상시와 비교해봐야겠지."

나는 '사실은'이라고 시작하는 메시지를 들여봤다. 그동안 나오에게 '사실은'이란 표현을 들은 기억이 없다. 직접 만나 대화할 때도, 메시지를 주고받을 때도.

스마트폰을 든 손에 나도 모르게 힘이 들어갔다.

"또 하나의 특징은 '정말 즐거웠어', '진짜 최고였어', '엄청 재미있었어' 등 긍정적인 표현이 늘어나기도 해."

"정말 좋은 경험을 했을지도 모르고……."

평소였다면 말도 안 된다며 큰소리로 반박했을 텐데 목소리의 힘이 빠졌다. 눈물이 날 것 같다.

"사람은 거짓말할 때 긍정적인 표현을 써서 거짓말을 감추려는 경향을 보이지. 상대에게 꼬투리 잡히고 싶지 않아서 긍정적인 표현을 사용하고 그 기세를 밀어붙이려고 하는 거야."

"그런가요……."

나는 나오와의 대화를 하나씩 떠올려봤다. 나오는 언제나 긍정적인 표현을 썼다. 프로젝트가 끝나고는 '함께 일할 수 있어서 굉장히 즐거웠어요'라든가, '뒤풀이 진짜 기대하고 있어요!'라는 식으로.

"혹시 사귀기 전에 말했던 긍정적인 표현들도 전부 거짓말일까요?"

"아니, 그건 모르지. 그때 너한테 마음이 있었을지도 몰라. 그러니까 자연스럽게 긍정적인 말을 많이 하며 너에게 호감을 사려고 한 걸 수도 있어. 그 부분만 딱 떼어서 역시 거짓말이었나, 단언하는 건 경솔한 행동이야."

완전히 속일 수 있을 거란 착각

악몽 같은 주말이 지났다. 그렇다고 해서 악몽이 끝난 건 아니다. 나오에게는 여전히 답장하지 않았다. 나는 아직도 나오의 말을 믿는 게 맞는지, 헤어지는 게 맞는지 판단을 내리지 못했다.

다행히 나오의 부서는 다른 층에 있어서 얼굴을 마주하지 않아도 된다. 하지만 신경은 온통 나오에게 쏠려 있었다. 어떻게 일했는지도 모른 채 오전이 흘러갔다. 입맛도 없어서 점심시간에는 밖에 나가 어슬렁거리면서 시간을 보냈다.

'하지만 계속 나오를 피할 수는 없단 말이지……'

산책을 마치고 회사로 돌아와 엘리베이터를 기다리는데 누군가가 내 어깨를 툭 쳤다.

"안녕!"

"니야 과장님, 안녕하세요. 식사하고 오시는 길이세요?"

"그래. 그러고 보니 얼마 전에 너, 날 보더니 인상을 구기고 아래층으로 내려갔지? 왜 그랬어? 무슨 일 있었나?"

"아뇨……."

"스즈키, 혹시 그 직원하고 사귀나?"

"네?"

"실은 그녀가 상담할 게 있다고 했었거든. 회사에서 말하긴 좀 그런데, 이직하고 싶다 했던가. 마침 내 지인이 다니는 회사에 자리가 날 것 같더라고. 그래서 기회가 되면 그쪽에 소개해주겠다고 했었을 거야. 그날 아마 그 일정에 관해서 이야기 나눴던 것 같은데."

"그러셨군요. 그런데 굳이 저한테 설명하지 않으셔도 돼요."

머릿속에서 D의 말이 빙글빙글 맴돌았다.

'제발요……. 니야 과장님, 더 이상 말하지 마세요.'

"거짓말하는 사람에게 나타나는 또 다른 특징은 책임 회피 행동이야."

D에게 나오와의 일로 조언을 구했던 그날, 내 기분을 아는지 모르는지 D는 담담하게 이야기를 계속했다.

"'……일지도 모른다', '……였을 거야'라는 애매한 표현이 늘어나. 인간은 자기 생각을 막 떠올린 것처럼 말하고 싶어 하고, 최대한 거짓말을 안 하고 싶어 해. 그래서 확실히 단언하지 않고 모호한 말을 선택하지. 평소에 말을 단호하게 하는 사람일수록 차이가 분명하게 보여.

　다음으로 '나는'이라는 일인칭 표현이 줄어들고 소설처럼 전지적 관찰자 시점으로 묘사해. 한 발짝 떨어진 곳에서 지켜보는 듯 표현하기 때문에 '뭔가 이상한데?'라고 느낄 수도 있어. 거짓말인지 확인하려면 이야기 도중에 그때 어떻게 생각했냐고 질문해봐. 급히 생각해서 관찰자 시점으로 답하거나, 아니면 당시에 느낀 실제 감정을 말하겠지.

　그 밖에도 숨기고 싶은 대상과 마치 거리를 두려는 듯 '그 녀석', '그 사람', '그 회사'라는 식의 표현이 늘어나는 것도 특징이라고 할 수 있어.”

이별을 받아들이는 현명한 태도

　며칠 뒤, 나는 또 공원으로 향했다. 너무 이른 시간에 온 탓인지 D의 모습은 보이지 않았다. 여전히 우울한 마음에 벤치에 앉아 멍하니 D를 기다렸다. 시간이 얼마나 지났을까, 조금 놀란 얼굴로 D가 나타났다.

　“빨리 왔네. 무슨 일 있었어?”

　“아뇨……, 딱히.”

　“그래도 잘 대답하는 걸 보니 정신 줄까지 놓지는 않았군. 그래서 여자친구와 대화는 해봤어?”

"네, 이야기했어요."

"그런데도 아직 마음이 무거워 보이네. 상대방이 거짓말을 하는지 알아차리기 참 어렵지? 너만 어려워하는 건 아니야. '사람은 거짓말을 얼마나 판별할 수 있을까?'라는 주제로 진행한 실험이 있어. 간단히 결과만 말하자면, 전문 훈련을 받지 않은 이상 54% 정도의 확률로밖에 거짓말을 판별할 수 없었지."

"생각보다 낮네요?"

"전문 지식을 갖춘 심리학자나 중요 인물을 경호해본 경호원들은 70% 이상의 확률로 판별했다는 데이터도 있어. 하지만 보통의 사람들은 동전을 던져서 앞면인지 뒷면인지를 맞추는 정도의 확률로 거짓말을 판별할 수 있었다고 해. 이 결과만 보면 매사에 '혹시 거짓말이라면……'이라고 의심하는 게 좋을지도 모르지. 하지만 인간은 일상에서 쉽게 작은 거짓말을 하는 동물이라서 모든 것을 파헤치려고 하면 괴로워질 뿐이야."

"나오는 물론 니야 과장님과 아무 사이도 아니라고 했어요. 하지만 자길 믿지 못한다면 더 이상 만날 수 없대요. 저는 그 자리에서 바로 대답하지 못했고, 나오는 곧장 가게를 나갔어요. 전 그녀를 붙잡지 않았고요. 사실 니야 과장님과 잠깐 이야기했을 때 '아, 이 사람 지금 거짓말하는구나'라고 강하게 느꼈거든요.

하지만 저는 나오를 진심으로 좋아해요. 아직 사귄 지 얼마 안 됐지만요. 그래서 만약 헤어지더라도 조금 더 대화해보고, 내 감정이 확실해진 다음에 결정하고 싶어요……"

"그렇군. 그것도 괜찮지. 단, 한 가지 알아둬야 할 사실이 있어. 바로, 인간은 잃어버릴 것 같은 대상에게 가치를 느낀다는 점이야. 어쩌면 너는 지금 나오를 '잃어버릴 것 같은, 혹은 이미 잃어버린 대상'으로 생각해 가치를 높게 느끼는 걸지도 몰라. 그녀가 더 이상 만날 수 없다며 떠나버렸으니까."

"지금 내가 나오에게 차였기 때문에 미련을 버리지 못한다는 뜻인가요?"

"나는 운명의 사람 따윈 믿지 않아. 만약 그런 인연이 존재한다면 마지막 순간에 곁에 있는 사람이겠지. 혹여 네가 이대로 나오와 헤어지더라도 반드시 또 괜찮은 사람을 만날 거야. 확실해. 굳이 그 기회를 희생하면서까지 제자리에 머물러야 하는지 곰곰이 생각해보면 좋겠어.

감정이 확실해진 다음에 헤어지고 싶다고? 그 기준은 뭐지? 이별은 누구에게나 괴로운 법이야. 좋아했던 상대에게 마음이 남아 있는 게 당연하고. 어쩌면 앞으로도 영원히 상대방을 싫어하지 않을지도 몰라. 그렇다고 해서 신뢰가 깨진 상대와 단지, 마음이 남아 있단 이유로 계속 사귀는 것은 어리석어.

세상에 깔끔하고 기분 좋은 이별은 없어. 괴롭고 슬프고 미련도 남고 때론 분하기도 할 거야. 하지만 그런 감정들은 시간이 흐르면 조금씩 옅어지기 마련이야. 그 감정을 받아들여야 해. 이별은 힘들어. 하지만 그것을 받아들이지 않으려고 발버둥치면 더 힘들 뿐이야."

"그래도…… 지금 이렇게 헤어지긴 싫어요. '이제 할 만큼 했잖아'라는 생각이 들 때까지 나오를 만나고 싶다고요."

"마음대로 해. 네 인생이니까. 단, 그 과정이 순탄하진 않을 거야. 상대는 이미 헤어지자고 한 번 말했으니까. 힘들겠지만 네가 이별을 받아들여야 해. 그러면 곧 '이제 할 만큼 했잖아'라는 생각이 들 거야."

마지막 말이 묘하게 이해됐다. 하지만 동시에 자꾸 나를 어리석은 사람 취급하는 D에게 화가 났다. 아니, D의 말이 맞다는 사실을 알면서도 자꾸 반대로 가는 내 마음에 화가 났다. 내 인생에만 힘든 일이 생기는 것 같아 신에게 따지고 싶기도 했다.

"저요, 계속 화가 나고, 감정에 휘둘리는 제가 싫어요. 모처럼 시작한 연애라 감정을 천천히 키워나가고 싶었는데. 왜 나한테 이런 일이 일어난 건지. 머릿속이 복잡하고 자꾸만 화가 나요."

"나오와 네 마음의 크기가 달랐을 뿐이야. 내가 누군가를 좋아한다고 해서 상대방에게 나와 같은 마음을 강요하면 안 돼. '내가 널 이만큼 좋아하니 너도 날 이만큼 좋아해야 해'라고 요구하면 기브 앤 테이크 관계지, 연인이 아니야. 사람이 누군가를 사랑하는 마음의 크기와 사랑을 키워가는 속도는 각자 다르니까."

속상하지만 D의 말이 맞는 것 같았다. 나오와 내 마음의 크기는 달랐다.

"결혼을 오래 유지하려면, 또는 결혼해서 행복해지려면 중요한 것이 있어. 바로, 상대방이 나를 행복하게 만들어줄 것이라 기대하지 않기! 나를 행복하게 만들 의무는 나에게, 상대를 행복하게 만들 의무는 상대방 본인에게 있어. '상대방이 날 행복하게 해주겠지'라고 기대하는 순간 불행해져.

네 마음을 나오에게 고백한 건 잘했어. 멋져. 이제 이 일 때문에 겁쟁이만 되지 않는다면 곧 너를 진심으로 사랑해줄 사람이 또 나타날 거야."

상대가 계속 말을 하게 만들면 거짓말을 판별하기 쉽다.

나를 행복하게 만들 의무는 나에게,

상대방을 행복하게 만들 의무는 상대방 본인에게 있다.

용기 따윈 필요 없어.
Just do it!

평소와 다르게 따뜻한 말로 위로해주는 D를 보자, 괜스레 낯 간지러우면서도 힘을 내야겠다는 생각이 들었다. 그래서 나는 벤치에서 일어나 기지개를 켜곤 힘차게 말했다.

"이제 일에 몰두할 거예요. 당분간 연애는 됐어요. 나오가 떠오르지 않게 일에 집중할래요."

"하하하, 의욕적인 자세 좋아. 하지만 빨리 좋아하는 사람을 찾도록 해. 무언가를 일부러 떠올리지 않기란 어려워. 차라리 생각할 다른 대상을 찾는 게 효과적이야. 뭐, 그 대상이 일이어도 좋지만. 원래 사람은 '분홍 코끼리[48]를 생각하지 마세요'라고 하면 더 떠올리는 법이거든."

'분홍 코끼리? 분홍색 코끼리도 있나?'

"하하하, 거봐. 지금 분홍 코끼리 생각하고 있지?"

"하하, 네. 그런데 마침 요새 열심히 일해야 해요. 후배도 새로 생겼고, 팀을 이끌려면 저뿐만 아니라, 동료와 후배에게도 동기부여를 해줄 수 있어야 하거든요."

"그래? 어떻게 하면 동기부여를 줄 수 있다고 생각해?"

"음…… 설렘을 일과 연결하면 되지 않을까요?"

"설렘이라. 일단 인간이 무엇에 의해 동기부여를 받는지 알아둘 필요가 있어. 다시 말해, 사람들을 잘 이끄는 방법을 알아야 하지. 간혹 회사에 '의욕 끌어올리기'를 목표로 삼는 사람들도 있어. 그런 사람들은 어떤 상황이든 긍정적으로 생각하라거나 좀 더 적극적으로 움직이라며 팀원들을 다그치기도 하지. 그러나 의욕은 목표로 삼는다고 나오지 않아. 나도 모르게 솟아오르는 힘이지. 너도 경험해본 적 있지? 어떨 때는 의욕이 넘치지만, 전혀 없을 때도 있잖아."

"네, 그래서 힘들어요. 팀원들의 의욕이 제각각이에요. 그게 팀의 사기에 영향을 미치죠."

"그렇다고 의욕이 생길 때까지 마냥 기다릴 수도 없잖아? 그럴 때 좋은 방법이 있어. 💡Work 8 어떤 법칙에 기반해 사람들을 잘 이끌 수 있는 코칭(248쪽)[49]이라는 방법이지."

"코칭이요?"

"응. 코칭이란 질문을 통해 대상자에게 깨달음을 주는 활동을 말해. 정확하고 명확한 질문을 던져서 대상자 또는 나 자신에게 대답을 끌어내는 거야. '나는 반드시 목표를 달성할 수 있다!', '열심히 할 거야!'처럼 다짐을 하는 게 아니야.

예를 들어, '나(또는 당신)는 이 목표를 달성할 수 있는가?', '만약 게으름을 피웠을 때, 나(또는 당신)는 어떻게 만회할 수 있는가?'처럼 구체적으로 질문하는 거야. 나에게 질문을 잘할 수 있는 사람은 동료나 후배도 잘 이끌 수 있어."

"흠, 일단 나를 잘 움직이라는 말이군요. 그러면 지금보다 훨씬 일의 효율이 올라가겠네요. 그런데 '어떤 법칙'이라는 건 구체적으로 뭐예요?"

"인간의 동기부여에 영향을 미치는 4가지 욕망이 있어."

"4가지 욕망이요?"

"그래. 인간은 욕망의 동물이라서 욕망에서 동기를 얻어. 물론 사람마다 조금씩 편차는 있어. 하지만 4개의 욕망이 모두 충족되면 편차의 60%를 조절할 수 있다고 해. 일할 때도 4가지 욕망을 총족시킨다면 꽤 괜찮은 실적을 기대할 수 있을 거야. 너는 어떨 때 동기부여가 되지?"

"당연히 내 침대에서 사랑하는 사람이 자고 있을 때요! 헤어진 지 얼마 안 돼서 좀 씁쓸하지만, 그래도 남자라면 역시 그만큼 힘나는 순간이 없죠. 여자친구의 자는 모습을 바라보기만 해도 기분 좋아요! 이보다 강한 동기부여 요소는 절대 없어요."

"그럼 그걸 일과 연결시킨다면 무적이겠군. 2008년에 하버드 비즈니스 스쿨에서 흥미로운 연구를 했어. 대형 금융 서비스 기업과 IT 기업에 다니는 직원 385명, 포춘 500대 기업에서 일하는 사원 300명을 대상으로 일에 대한 애착, 책임감, 만족도, 이직 의사를 알아보는 조사였지. 어떤 욕망이 일할 때 동기부여로 연결되는지 조사한 거야."

"일할 때의 동기부여요? 저는 그냥 제 욕망을 말해버렸네요."

"괜찮아. 이 연구에서 일할 때의 동기부여 요소와 일반적인 욕망의 관계에 관한 재미있는 사실도 밝혔거든. 일단 실험에서 찾은 4가지 욕망을 말해줄게. 첫 번째 욕망은 획득에 대한 욕망이야."

"왠지 야망이 느껴지는데요."

"하하하, 여기에는 사회적 지위처럼 형태가 없는 것에 대한 욕망도 포함돼. 즉, 희소가치가 높거나, 타인이 갖지 못한 자유, 가치 있는 일 등을 얻고자 하는 욕망을 말하지."

"쉽게 말해, 진귀한 무언가를 갖고 싶은 욕망이네요."

"맞아. 획득에 대한 욕망은 상대적이야. 다시 말해, 타인과의 비교 속에서 결정되지. 당연한 이야기지만 '지금 하는 일, 또는 하려고 하는 일을 하면 나는 무엇을 얻을 수 있나?', '어떤 진귀한 것을 얻고자 지금 열심히 하나?'에 대한 고민은 매우 중요해. 기회가 되면 팀원이나 후배에게도 물어보면 좋아."

"알겠어요. 그러고 보니 지금껏 내가 일을 하면서 무엇을 얻을 수 있는지 생각해본 적이 없네요."

"이번 기회에 생각해봐. 다음은 유대감에 대한 욕망이야. 유대감이란 개인이나 집단과 연결되어 있다는 느낌을 말해. 가족, 동료, 소속된 조직이나 회사, 국가, 사회, 지구까지. 내가 어떤 개인과 연결되어 있는지, 어떤 집단과 연결되고 싶어서 이 행동을 하는지에 대한 거지."

"아, 이 욕망은 쉽게 이해되네요."

"대표적으로, 성공한 사람들과 교류하고 싶다는 욕망을 예로 들 수 있어. 누구의 동료가 되고 싶은지, 누구와 연결고리를 갖고 싶은지에 대한 욕망이지. 실제로 젊은 세대가 창업하고 싶은 이유는 창업자들과 대등하게 이야기를 나누고 싶어서라고 해."

"그렇군요. 저도 성공한 사람들과 어깨를 나란히 하고 싶어요. 영업의 신들과 모임을 한다면 뿌듯할 텐데."

"세 번째는 이해에 대한 욕망이야. 지적 호기심을 채우거나 내 주변의 세계를 알고 싶어 하는 욕망을 말해. 답을 찾아내려고 하거나 무언가를 시도했을 때 어떤 일이 일어나는지 알고 싶어 하는, 즉 아는 것에 대한 욕망이지. 나의 성장을 실감했을 때 가장 동기부여가 돼."

"아는 것에 대한 욕망이라. 이 욕망은 사람에 따라 정도가 다르겠네요. 저는 이 욕망이 그리 높지 않거든요."

"정말 그럴까? 이해에 대한 욕망은 사소한 데서도 나타나. 예를 들어, 책을 읽는데 좀처럼 진도가 안 나갈 때 있지? 그 이유는 이해에 대한 욕망이 충족되지 않아서야. 그럴 때는 책을 읽기 전에, 이 책에서 배우고 싶은 것은 무엇인지 메모지에 적어봐. 이 책을 읽으면 무엇을 알 수 있을지, 내 생활은 어떻게 바뀔지 생각해보는 거야. 짧은 시간 안에 답할 필요는 없어.

일할 때도 마찬가지야. '빨리 끝내자!'가 아니라, 이 일을 끝내면 얼마나 성장할지, 어떤 지식을 얻을지 생각해보면 좋아."

"공부에 국한되는 욕망이 아니군요. 저는 지금까지 일하기 전에 '이 일을 끝내면 얼마나 성장할까?' 생각해본 적 없어요. 시간이 흐른 뒤에야 얼마나 성장했는지 깨달을 수 있다고 생각했죠. 하지만 성장할 제 모습을 미리 그리면 동기부여가 되겠네요."

"목소리 톤이 올라가고 자세도 앞으로 기울어졌군. 새로운 비밀을 알게 되니 설레지? 이해, 아는 것에 대한 욕망은 인간을 진화시킨 중요한 요소야."

"매번 느끼지만 당신은 참 박학다식하네요. 인정할게요. 대체 책이나 자료를 얼마나 많이 읽는 거예요?"

"너의 연봉 정도, 어쩌면 그 이상을 자료에 쓰고 있을지도 모르지."

"진짜요? 대단한데요."

"하하하, 다시 하던 이야기로 돌아가볼까? 마지막 욕망은 방어에 대한 욕망이야. 외부의 위협으로부터 나를 지키고, 정의를 널리 알리고, 내 생활 또는 내 가족을 지키고 싶은 욕망을 말해. 이 외에도 동료, 재산……."

"전 지킬 만한 재산이 없는데요."

"알아. 하지만 여기에는 낭비를 막는 행위도 포함돼. 그리고 실적, 비전, 미래, 자유, 신념, 시간, 안전까지 모두 포함되지. 한마디로 말해서 나와 나의 소중한 모든 것을 지키고 싶은 욕망이야. 지키고 싶은 대상이 명확하면 밤을 새우지 않고도 일을 효율적으로 끝낼 수 있어."

"획득, 유대감, 이해, 방어에 대한 욕망을 모두 충족시키는 것을 찾으면 동기부여를 얻는다……."

"지금 말한 4가지는 인간이 태초부터 가진 욕망이야. 다르게 표현하자면 '이 욕망을 충족시켜온 인간'이 살아남았다는 뜻이지. 그러니 일단 지금 하는 일에서 어떻게 하면 이 4가지를 충족시킬 수 있는지 생각해봐. 그 답을 찾으면 어떤 일이든 효율적으로 처리할 수 있을 거야."

"감사합니다!"

나는 장난스럽게 경례 자세를 취하며 답했다.

목표를 이루어주는 GOOD 모델

"참고로 하나 더. 긍정심리학의 지식과 식견을 근거로, 고객의 동기부여를 높이는 방법을 알려줄게. ☀Work 9 제프리 E. 하월바흐 박사가 제창한 GOOD 모델(250쪽)[50]이야. 이 모델에 따라 코칭을 하는 경우, 고객의 동기부여가 20~60% 정도 높아졌다는 결과도 있어."

"일단 이름이 마음에 드네요."

"직접 적용해보면 효과도 마음에 들 거야. 어떤 모델인지 차근차근 설명해줄게. 먼저 GOOD 모델의 G는 Goal, 즉 결승점을 나타내. 가장 중요한 목표를 정의하는 것을 말하지. 다음 6가지 질문에 대답하면 결승점이 명확해져.

첫 번째, 당신이 집중하고 싶은 목표는 무엇입니까?

두 번째, 그 목표를 달성하면 어떤 결과를 얻을 수 있습니까?

세 번째, 왜 이 목표가 중요합니까?

네 번째, 이 목표는 당신의 가치관, 비전과 일치합니까?

다섯 번째, 원하는 결과를 얻으면 어떤 기분일 것 같습니까?

여섯 번째, 더 나은 삶을 위해서 어떤 변화를 원합니까?"

"다행히 복잡한 질문은 없네요."

"맞아. 잠시 시간을 내서 생각하면 누구나 답할 수 있지. 우리는 보통 결과에만 주목하곤 해. '영어로 능숙하게 말하기', '연봉 2천만 엔 넘기기'처럼 말이야. 물론 결과는 중요하지. 그러나 애초에 그 목표가 왜 중요한지를 알아야 해. 가령 연봉을 2천만 엔받는 게 목표인 사람이 있다고 해보자. 연봉 2천만 엔을 목표로 삼은 이유는 뭘까? 1천만 엔이 아니라 2천만 엔이어야 하는 특별한 이유가 있을까? 너라면 뭐라고 대답하겠어?"

"전 솔직히 1천만 엔으로도 충분히 좋아요."

"어련하시겠어. 아마 명확한 이유를 말할 수 있는 사람은 거의 없을 거야. 그러나 '그 큰 금액을 받기 위해 노력해야 하는 이유는 뭘까?' 이걸 생각해야 해. 결승점에 도달하려면 동기부여를 유지하는 게 매우 중요하니까."

"그렇군요……. 잠시 생각해봤는데, 연봉으로 2천만 엔을 받으면 돈 걱정 없이 살 수 있잖아요."

"연봉으로 2천만 엔을 받으려면 아마 힘든 순간들을 수없이 맞닥뜨려야 할 거야. 쉬운 일만 하면서 높은 연봉을 받을 순 없으니까. 그런데 그런 추상적인 이유가 힘든 순간들을 끝까지 버티게 해줄까?"

"아……."

"이처럼 코칭에서는 끊임없이 질문을 던져. 목표를 달성해야만 하는 명확한 이유가 있는지를 확인하는 거지. 만약 명확한 이유가 없으면 목표를 달성할 수 없어. 명확함은 해낼 수 있는 힘이야. 따라서 자신의 감정과 동기를 끌어내서 '이것을 위해서 노력하는 중이야!'라고 분명하게 말할 수 있어야 해. 단순히 돈 자체는 동기를 부여해주지 않아."

"왜 그토록 높은 연봉을 받고 싶은지 명확하게 대답할 수 있다면 매사에 진지한 인물이겠죠. 보통은 특별한 이유 없이도 높은 연봉을 받고 싶어 하니까요. 그렇게 진지한 사람이라면 목표를 이룰 수 있을 것 같은데요."

"비꼬는 건가? 다음으로, GOOD의 첫 번째 O는 Option, 즉 선택지를 말해. 결승점으로 가기 위해서는 쓸 만한 선택지를 찾아야 해. 내가 목표를 달성하는 데 필요한 지식, 무기, 도구를 손에 넣는 거지. 이런 질문들을 해보면 유용해.

첫 번째, 목표를 달성하기 위한 구체적인 방법은 무엇입니까?

두 번째, 과거에 비슷한 일을 달성한 적이 있습니까?

세 번째, 같은 목표를 가진 다른 사람들은 어떤 노력을 한다고 생각합니까?

네 번째, 목표 달성을 위해 무엇을 할 수 있습니까? 그중 지금 당장 시작할 수 있는 행동은 무엇입니까?

다섯 번째, 만약 그 행동을 하지 않는다면 어떤 문제가 생깁니까?"

"목표를 달성할 구체적인 방법을 찾는 건가요?"

"그렇지. 다만, 한 번에 구체적인 방법을 찾을 순 없어. 서서히 확실한 방법을 찾아야 하지. 가령, 두 번째 질문을 볼까? 이 질문은 과거의 비슷한 경험을 떠올려보게 해. 예를 들어, 처음에는 불가능하다고 생각했던 일을 달성했던 경험, 또는 연봉 인상을 포기했다가 과감하게 이직해서 연봉을 올린 경험 같은 것. 과거의 경험을 통해서 유용한 방법을 찾게 해주는 질문이지.

목표를 세우고 나면 반드시 성공하고 싶잖아. 그러나 처음부터 그런 방법을 알 리 없지. 따라서 구체적으로 어디서부터 손대면 좋은지 그 방법을 먼저 찾아야 해."

"그렇군요. 전부 스스로 생각해야 하는 거죠? 꽤 시간이 걸리겠어요. 단순히 답을 생각만 해보는 게 아니라 글로 정리해야 확인할 수 있을 것 같아요."

"좋은 생각이야. 인간의 기억력은 믿을 수 없거든. 만약 어디에 적을 거라면 방금 말한 질문 순서대로 쓰는 게 좋아. 처음에 내 목표를 의식하고, 그다음에 과거의 방식과 타인의 방식을 생각해 보는 거야. 그러면 내 방식의 비효율적인 부분과 타인의 방식의 부족한 부분이 보이고, 점점 구체적인 방법들이 그려질 거야. 이 과정을 통해 나만의 선택지가 완성되는 셈이지.”

“알겠습니다.”

“다음으로 네 번째 질문은 목표 달성을 위해 어떤 행동을 할지 명확하게 만들어줘. 가령, 부업을 열심히 해서 창업 자금을 모은다거나 마케팅 감각을 기르기 위해 카피 문구를 써보는 거지. 그런데 이때 결심한 행동을 실제로 꾸준히 하는 사람은 매우 적어. 그래서 마지막 질문으로 그 행동을 하지 않았을 때 어떤 문제가 생길지 알아보는 거야.”

“의외네요. 의욕이 넘쳐서 다들 열심히 할 줄 알았는데.”

“인간이란 나약한 존재거든. 그래서 바로 행동으로 옮기지 않았을 때 일어날 결과를 직면할 필요가 있어.”

방해물을 없애고 구체적인 전략 세우기

“GOOD의 두 번째 O는 Obstacle, 즉 장애물이란 의미야. 목표를 달성하는 데 방해될 수 있는 장애물을 미리 파악하기 위한 과정이지. 환경이나 인간관계 등을 포함해 현재 방해되는 것 또는 앞으로 방해될 만한 것, 그리고 외부에서 생길 수 있는 과제,

내부에서 생길 수 있는 과제 등을 말하지. 물적, 외적, 내적 3개로 나눠서 생각해봐. 이때 해야 할 질문은 4개!

첫 번째, 목표 달성에 방해될 만한 요소는 무엇입니까?

두 번째, 외적인 과제가 방해할 가능성이 있습니까?

세 번째, 내적인 과제가 방해할 가능성이 있습니까?

네 번째, 문제가 생겼을 때, 누구에게 도움을 받을 수 있습니까?"

"혹시 방해 요소에 스마트폰 게임도 포함되나요? 그리고 열심히 하는 나의 발목을 붙잡으려는 나쁜 친구……라든가?"

"당연히 게임은 방해 요소야. 나쁜 친구는 두 번째 질문인 외적 과제에 포함돼. 회사에서의 인간관계, 부모님의 부정적인 의견도 외적 과제에 속하지. 그리고 내적 과제로는 게으른 성격, 네가 가장 좋아하는 자기혐오와 콤플렉스, 불안, 두려움, 고민 등이 속하지."

"너무해요."

"하하하, 그렇지만 사실이잖아? 그리고 가장 중요한 항목이 네 번째 질문이야. 문제가 생겼을 때, 누구의 도움을 받을 수 있는가. 아무에게도 의지하지 않는 사람이 강해 보이지만, 실은 굉장히 약해. 갑작스러운 위기 상황이 오면 모두 내팽개치고 현실을 외면할 수도 있어.

하지만 도와줄 사람이 있으면 '하는 데까지 열심히 해보자!'라며 쉽게 포기하지 않지. '어떤 문제가 생겨도 의논하고, 의지할 사람이 있어'라는 생각으로 두려움을 떨쳐내는 셈이야. 조력자의 존재는 사람을 강하게 만들어. 그러니 누구에게 도움을 청할지 구체적으로 생각해봐."

"부끄럽지만, 저는 혼자서 아무것도 할 수 없는 주제에 다른 사람에게 의지하거나 도와달라고 손도 내밀지 못해요. 그래서 솔직히 절 도와줄 사람이 떠오르지 않아요."

"그렇게 비관적으로 생각하지 마. 인간관계는 지금부터라도 얼마든지 넓힐 수 있어. 어쩌면 이미 네 곁에 도움을 줄 사람이 있는데, 네가 모르는 걸 수도 있고.

마지막 D야. D는 Do, 즉 실행하기 위한 과정이야. 어떤 행동을 할지, 그것을 언제까지 할지 생각하지. 이건 나뿐만 아니라 함께하는 동료나 후배에게 물어봐도 좋아. 그러면 할 일이 더 명확해지거든. 이때 5가지 질문을 참고해.

첫 번째, 목표 달성을 위해서 어떤 전략을 채택할 것입니까?

두 번째, 구체적으로 언제, 어떤 일을 할 예정입니까?

세 번째, 진척 상황을 어떻게 파악할 수 있습니까?

네 번째, 더 빨리할 수 있는 행동은 무엇입니까? 또 그것을 언제 실행할 수 있습니까?

다섯 번째, 그 행동을 하는 데 어느 정도 시간이 걸립니까? 그리고 언제 달성할 수 있습니까?"

나는 갑자기 짜증이 났다. 프로젝트 진행이 원활하지 않아 힘들었을 때 알고 싶었던 정보를 이제야 알려줬기 때문이다.

"저기요, 제가 프로젝트를 할 때 왜 이 모델을 알려주지 않았죠? 일하는 척만 하는 사람을 어떻게 관리해야 할지 굉장히 고민했었단 말이에요. 진작에 이 방법을 들었으면 더 효율적으로 팀을 이끌 수 있었잖아요."

"아, 미안. 그때는 내가 말해준 것들을 소화하는 데도 벅차 보여서 GOOD 모델까지 알려줄 수 없었어. 다음번에 프로젝트를 이끌 땐 꼭 이 방법을 써봐. 특히 세 번째 질문은 프로젝트를 진행할 때 아주 중요해. 현재 상황을 정확히 파악할 수 있어야 하거든. 전략은 언제 어떤 일을 할 것인지 구체적으로 세워야 하고, 성과나 진전도 파악할 수 있어야 해."

D는 돌아가는 길에 내 얼굴을 빤히 보고는 "진심으로 이걸 하면 두근거릴 거야. 그러니 꼭 해봐"라고 말했다.

어두운 밤이 지나면 반드시 아침이 온다

여러 일을 겪어서인지 69킬로그램이었던 체중은 7킬로그램 빠졌고, 체지방은 무려 15%대가 되었다. 절대로 못 할 것 같던 버피 테스트도 지금은 무려 30회씩 2세트나 할 수 있게 되었다. 나도 이렇게 바뀔 수 있는 걸 보면 꾸준함의 힘은 정말 강한가 보다.

2개월 만에 D를 만났다. 중요한 프레젠테이션과 몇 가지 회사

행사가 연달아 있어서 좀처럼 공원에 올 수 없었다.

"머리를 좀 더 깔끔하게 잘랐으면 누군지 못 알아볼 뻔했어. 굉장히 날씬해졌잖아. 다음 연애는 더 오래가겠네."

얇은 옷을 입은 나를 보고 D는 웃으면서 말했다.

"오랜만에 봤는데 뭐예요. 지금 저 놀리는 거죠?"

"그럴 리가. 사실 짧은 연애만 반복하는 사람은 스트레스를 많이 받거든. 너는 이제 그 스트레스에서 벗어날 수 있겠어. 예전에는 여자친구와 데이트하기 전에 사전 조사차 가게에 혼자 가보고 그랬지? 하하하, 안 봐도 뻔해. 연애 초기에 잘 보이려고 하는 그런 행동에는 스트레스가 동반되지. 그리고 관계가 무르익기 전에 이별 이야기가 나오면 스트레스를 받을 수밖에 없어. 이것을 단기간에 반복하면 당연히 힘들겠지."

"당신은 여전히 무례하네요. 저는 단기 연애 전문이 아니거든요! 우연히 나오와의 연애가 짧았던 것뿐이에요."

"하하하, 알겠어. 그래도 내가 흥미로운 실험 결과를 알려줄 테니 들어봐. 2016년, 스위스의 베른대학에서 9,069명의 사람을 5년에 걸쳐 추적했어. 그리고 관계가 오래 지속되지 않는 사람들의 두 가지 유형을 알아냈지. 너도 궁금하지?

첫 번째 유형, 자존감이 낮다. 이들은 상처받는 것을 매우 두려워해서 날 좋아하는 사람이라면 누구든 좋다고 생각해. 두 번째 유형, 자존심이 너무 세다. 이들은 이상과 현실의 간극을 타협할 수 없어서 좀 더 좋은 사람이 없을까 고민하다 결국, 단기간에 헤어지고 말아."

"오, 하지만 유감스럽게도 제 이야기는 아니네요! 자존감은 좀 낮을지 몰라도, 날 좋아하는 사람이면 누구든 괜찮지는 않거든요. 당연히 자존심이 너무 세지도 않고요."

"그렇게 발끈하지 마. 자존감이 낮다는 말은 자신을 소중하게 여기지 않는다는 뜻이야. 그 때문에 적당한 관계에 안주하거나 진정한 자신의 모습을 보여주지 못한 채 짧은 만남으로 끝나고 말지. 다행히 너는 확실히 변한 것 같군. 대단해. 진심이야."

"웬일로 칭찬을 다 해요? 저도 사실 제가 조금 변했다고 생각해요. 하지만 여전히 저를 있는 그대로 받아들이기는 쉽지 않아요. 뭐, 자신에게 만족하면 그대로 머무를 테니 이렇게 만족하지 않는 것도 괜찮다고 생각해요."

"있는 그대로의 자신을 인정한다는 건, 지금의 상태에 만족하고 그대로 머무르는 것도, 갑자기 태도를 바꾸는 것도 아냐. 모난 부분도 둥근 부분도 모두 내 모습이라고 인정하는 태도를 말하지. 그렇게 해야만 성장할 수 있어."

"모난 부분도 둥근 부분도 모두……. 어렵네요."

"사람은 누구나 장점도, 단점도 다 갖고 있으니까. 너에게는 어떤 모난 부분, 즉 결점이나 약점이 있다고 생각해?"

"제 부족한 부분을 들자면 끝이 없는데요……. 최근에는 그래도 제 여러 장점을 조금 칭찬할 수 있게 되었지만, 여전히 저 자신을 믿지 못해요. 예를 들어, 나오와의 일도 그래요. 어쩌면 나오와

니야 과장님은 정말로 아무 사이도 아닐 수 있잖아요. 만약 제가 멋대로 오해해서 그녀를 믿지 않은 거라면, 저는 정말 어리석은 사람이 되는 거죠. 물론 우리 두 사람이 헤어지기로 선택한 거지만, 그래도……"

"불필요하게 자책하는군."

"후."

"자신을 인정하지 못하는 사람들은 인간관계에서 안 좋은 일을 겪었을 때 생기는 부정적인 감정을 받아들이지 못해. 오히려 그 부정적인 감정을 밀어내려다 더 강하게 만들어버리곤 하지."

"나에게도, 다른 사람에게도 부정적인 감정은 갖고 싶지 않으니까요. 그리고 그런 감정을 품는 내가 싫어요."

"바로 그거야. 너와 비슷한 유형의 사람들은 애초에 부정적인 감정을 품지 않는 데 집중하지. 하지만 부정적인 감정을 받아들인 후에 앞으로 나아가는 게 더 중요해. 예를 들어, 화나는 일이 생겨도 마치 별일 아니라는 듯 가볍게 털어내는 사람이 있지."

"네, 제가 정말 부러워하는 사람들이죠."

"너는 어떻지? 화나는 일을 떠올리지 않으려고 하면 할수록 더 답답해지지 않나? 어쩌면 하루 종일 답답한 마음에 짓눌렸을지도 몰라. 쓸데없이 자책도 했겠지. 자신의 불쾌한 감정을 부정하거나 저항하면 오히려 그 감정이 강해진 채로 계속 마음속에 머무르게 돼. 나의 감정을 부정한다는 것 역시 자기부정인 셈이야."

"어떤 일이 생겨도 자책하지 않고 저를 사랑해줘야 한다는 사실을 머리로는 알겠어요. 하지만 누구나 힘들 때 자신을 탓하지 않나요? 아무렇지 않게 털어버릴 수 있나요? 보통 '왜 그런 바보 같은 일을 했을까', '나는 진짜 안 되는 놈이야'라고 생각하잖아요. 그다음에 반성하고 넘어가면 되죠."

"그래도 되지. 단, 곱씹지 않고 바로."

"에이, 바로는 무리죠."

"안 좋은 일을 계속 곱씹으면서 반성하면 결과가 바뀌나? 바로 넘어갈 수 없는 이유는 어디에 있지?"

"제 감정이 향하는 곳……일까요? 물론 지난 일을 자꾸 되새긴다고 결과가 달라지진 않죠. 저도 알아요. 언젠가는 바로 극복할 수 있으면 저도 좋겠어요. 진심으로."

그렇게 말하자 D의 얼굴이 굳었다.

"언젠가……라. 대체 그게 언제지? 물론 '시간이 해결해준다'라는 멋진 말이 있어. 그게 통하는 순간도 있지. 내 말은 기분이 안 좋은 모든 순간을 바로 털어내란 뜻이 아냐. 자신을 탓하지 말란 뜻이야. 만약 자신을 탓해서 시간을 되돌릴 수 있거나 극적인 변화가 생긴다면 얼마든지 탓해도 좋아. 하지만 아무것도 바뀌지 않는다는 사실은 '내 탓 전문가'인 네가 더 잘 알지 않아?

그리고 힘든 일을 그대로 두면 그저 마음속에 계속 머물러서 훨씬 힘들어질 뿐이야. 그러니까 내 생각과 그로 인해 몸이 느끼는 감각을 일단 분리하는 연습부터 해보면 어때?"

"생각과 몸이 느끼는 감각을 분리하라고요?"

사고와 감각을 분리하기

"예전에 말한 자기 자비 이론 기억해?"

"네, 제가 바뀌고 싶다고 말하니까 제 모습을 있는 그대로 받아들이고 인정하라고 했잖아요."

"그랬지."

"앗, 지금도 전 똑같은 말을 듣고 있네요. 전 아직도 성장하지 않았군요……."

"아마 많은 사람이 '내 단점을 모두 없애고 싶어'라는 생각을 할 거야. 하지만 단점을 하나씩 없앤다고 '나'라는 사람이 전혀 다른 존재가 될 수 있을까? 양파를 생각해봐. 양파는 껍질을 한 꺼풀 벗겨도 똑같잖아. 나의 어떤 부분을 인정하지 않고 없애려 해도 결국 나의 본질은 바뀌지 않아."

"하지만 양파는 계속 까다 보면 심이 나오잖아요. 그렇게 처음으로 돌아가 다시 성장할 수 있다면 좋겠어요."

"자기 자비는 자기 자신을 있는 그대로 인정하고 앞으로 나아가게 해줘. 즉, 좋은 부분도 안 좋은 부분도 모두 그대로 받아들이는 방법이지. 실제 생활에서 바로 이 방법을 적용하긴 어려우니 연습해보면 좋아. 하지만 사건이 생겼을 때 연습하기는 꽤 어렵지. 인생의 모든 순간은 실전이니까. 안 좋은 일이 생기면 불쾌한 감정 때문에 연습할 여유도 없을 테고, 연습을 위해서 일부러 불쾌함을 느끼는 상황에 몸을 던지는 것도 이상하고 말이야."

갑자기 D는 나에게 지폐 한 장을 건네며 말했다.

"편의점에서 얼음 컵과 음료수 좀 사올래? 🪄Work 10 얼음 훈련(253쪽)을 해보자."

무슨 훈련이길래 얼음이 필요한지 묻고 싶었지만, 나는 군말 없이 D가 말한 것들을 사왔다. D는 얼음을 하나 꺼내더니 말했다.

"자, 손에 이 얼음을 넣고 꽉 쥐어봐."

"어, 얼음을 맨손으로요?"

"무슨 문제라도 있나?"

"아뇨, 없어요."

"안 좋은 일이 생겼을 때 나의 사고와 감각에서는 서로 다른 일이 일어나. 얼음 훈련은 그 둘을 분리한 뒤, 사고와 감각에 각각 위로의 말을 건네서 치유하는 훈련이야. 먼저, 얼음을 쥐고 사고에 집중해봐. 그다음으로 몸의 감각에 집중해보는 거야. 그러고 나서 사고와 감각을 분리하는 거지. 그럼, 얼음을 손에 쥔 채 최대한 오래 있어봐."

"아까부터 쥐고 있어서 이제 손이 시려요."

"좋아. 그런 식으로 머릿속에 떠오르는 여러 가지 생각에 집중해봐."

"손이 너무 시려요. 얼음이 녹아서 옆으로 물이 뚝뚝 떨어지는 감각도 싫고요."

"하하하, 역시 불평이 많아. 계속 떠오르는 생각에 집중해봐."

"그런데 대체 이게 무슨 의미가 있죠?"

"좋아. 그것도 사고지. 훌륭해."

"그럼, 이제 손을 펴도 될까요? 얼음이 너무 차가워서 더는 못 하겠어요."

"아직 안 돼. 얼음을 쥐고 있는 동안에는 좋은 생각을 떠올리기 힘들지. '더는 못 버티겠다', '이제 얼음을 버리고 싶다' 등등. 심지어 분노가 차오르기도 해. 하지만 그 생각들을 반드시 행동으로 연결할 필요는 없어. 내 안에 떠오르는 단순한 생각 중 하나라고 보는 태도가 중요해. 우리 머릿속에는 늘 여러 가지 사고가 소용돌이치고 있어. 다만, 지금은 얼음에 관해 떠오르는 모든 것을 숨김없이 느껴봤으면 해. 관찰하듯이!"

"으으……. 지금 '적당히 좀 해줘, 차갑잖아'라는 생각이 떠오르는데요."

"하하하, 좋네. 그럼, 다음으로 몸의 감각에 집중해보자. 지금 몸에서 어떤 감각이 느껴지지?"

"몸의 감각……. 점점 손가락 끝의 감각이 안 느껴져요. 손바닥 한가운데 얼음 있는 부분이 얼어붙은 것 같아요."

"오, 좋아."

"이제 그만해도 될까요?"

"이봐, 그건 사고야."

"이 악마!"

"그것도 사고야. 감각은 어때? 아마 슬슬 얼음을 버리고 싶은 충동이 들 거야. 그 충동이 어떤 식으로 나오는지 주목했으면 해. 얼마나 버리고 싶은지, 손의 어느 부분에서 그 충동을 가장 강하게 느끼는지, 내 몸에 집중해서 충동을 분석해봐."

"얼음을 쥔 손바닥 중앙부터 충동이 솟구쳐요. 버리고 싶다는 충동은 사고인가요?"

"오, 좋은 접근이야. 또 다른 부정적인 감정이 느껴지진 않아? 무엇이든 말해봐."

"당신은 악마다. 너무한다. 내가 아무짝에도 쓸모없는 인간이라 벌을 주는 거다."

"하하하, 이 훈련은 네게 딱 맞는군. 아주 좋아. 3분 정도 지났으니까 이제 얼음을 버려도 돼. 그러면 지금부터 네 안에 떠올랐던 사고와 감각을 각각 다정하게 위로해보자."

"위로한다고요? 쓰다듬기라도 하나요?"

"바보야, 사고는 쓰다듬을 수 없잖아. 위로하는 방법을 알려줄게. 예를 들어, 너는 처음에 '손이 시리다. 얼음이 녹아서 옆으로 물이 떨어지는 감각이 싫다'라고 말했어. 그러면 '차가웠는데도 잘 버텼다', '버틴 것만으로도 의미가 있어!'라고 격려할 수 있지. 그저 '잘했어, 잘했어'라고 칭찬만 해줄 수도 있고. 이때 포인트는 진구의 할머니가 되었다고 생각하고 진구를 위로하듯이 다정하게 말하는 거야."

"진구의 할머니가 누군데요? 설마 만화 '도라에몽'에 나오는 진구? 도라에몽 보세요? 당신도 만화를 본다니, 상상도 못 했어요!”

“지금 날 놀리고 있지만, 한편으론 ‘이런 훈련이 정말로 효과 있을까?’라는 의심이 들지는 않았나? 만약 그렇다면 그 부정적인 사고에 어떻게 다정한 위로를 할 수 있을까?”

“음, ‘항상 그렇게 부정적으로 생각하면 힘들겠다’라든가, ‘이제 의심은 내려놔도 괜찮아’라든가.”

“좋아. 더 위로해봐.”

“흠, 훈련의 효과를 궁금해하는 걸 보니 난 생각보다 진지한 사람이네.”

“잘했어. 몸의 감각은?”

“몸의 감각도 다정하게 위로하라는 말인가요? 음, 얼음을 쥐었던 손바닥을 쓰다듬어 줄까요? 차가워서 얼어붙는 느낌이었으니까. 아니다. 차가운 감각이 잘 느껴지는 걸 보니 몸이 정상적으로 기능하고 있구나. 다행이다!”

“그래. 차가움과 고통이라는 불쾌함을 느껴서 위험한 상태까진 안 갔잖아. 그 부분에 대해 고맙다고 말할 수도 있겠지.”

나에게 위로를 건넨다는 것

D의 질문에 대답은 하고 있지만, 왠지 겉을 빙빙 도는 기분이었다. 머리 위에 물음표를 잔뜩 띄운 채 방황하는 느낌이랄까? D

가 내 답을 틀렸다고 하지 않았지만, 정답인지도 전혀 확신할 수 없었다. D는 그런 나의 혼란 따위 아무런 관심도 없다는 듯이 훈련을 계속 진행했다.

"얼음으로 훈련하는 이유는 사고와 감각을 쉽게 구분하기 위해서야. 이제 감을 잡았나?"

"글쎄요."

"그러면 시험 삼아 응용해보자. 너는 지금 전 여자친구의 말을 믿어주지 않고, 떠나겠다는 그녀를 붙잡지 않은 자신을 원망하며 탓하고 있어. 그렇지?"

"갑자기 제 상처에 소금을 뿌리는 건가요? 네, 그래요."

"그 일에 관한 다른 사고는 있나?"

"나는 뭘 해도 안 되는 놈이야. 그러니까 소중한 사람도 지키지 못하지……."

"이야기가 술술 나오네."

"어쩌면 배신한 건 나오가 아니라 나일지도 몰라. 아, 그래요. 배신자는 나일지도 몰라요. 제가 의심하는 바람에 저희 관계가 끝났으니까요."

"계속 두면 끝이 없을 것 같으니 여기까지만 하지. 몸의 감각은 어때?"

"이 생각을 하면 왠지 모르게 가슴이 쓰라려요. 한숨이 깊어지고 몸이 무거워지는 느낌도 들고요."

"오케이. 그럼, 각각에 대해 다정한 위로의 말을 건네보자."

"다정한 위로의 말이요……?"

"어렵나? 진구의 할머니가 되어보라니까. 자기 일이라고 생각하지 말고 객관적으로 보면 더 쉬울지도 몰라."

"하하하, 진구의 할머니라니……. 좋아요. 해볼게요. 다른 사람의 일이라면 뭐라고 위로할지 생각해보라는 뜻이죠? 어디 보자, '넌 뭘 해도 안 되는 놈이 아냐. 좋은 부분도 있잖아.' 이렇게요?"

"그래. 계속해봐."

"넌 소중한 사람을 지키려고 충분히 노력했어. 어느 쪽이 배신했는지 사실 모르잖아. 그러니 '배신자는 나일지도 모른다'라고 하지 마. 그렇게 말하면 내가 너무 불쌍하잖아. 그녀를 정말 좋아했었으니까……."

D는 더 이상 말을 잇지 못하는 나를 묵묵히 지켜봤다.

5분 정도 지났을까. D는 조용히 일어나 늘 그렇듯 맨발로 주변을 걷기 시작했다. 눈을 감고 얼굴은 약간 위쪽을 향한 채. 이윽고 큰 나무를 한 바퀴 돌고 온 D는 진중한 목소리로 말했다.

"인간은 힘들 때 자신을 질책하곤 해. 하지만 힘들 때야말로 자신에게 다정하게 말을 걸고, 냉정하게 상황을 볼 수 있어야 해. 힘들 때 나를 질책하면 오히려 극복할 힘과 냉정한 판단력을 잃을 뿐이야. 그러면 결코 좋은 결과를 얻을 수 없지. 오히려 내가 잘되고 있을 때 자신을 엄격한 기준으로 봐야 해. 그러나 우리는 대부분 반대로 하지. 일이 잘 풀릴 때는 자신을 칭찬하고, 우울할 때는 자기 탓을 하면서 말이야."

"정말 그렇네요……. 저, 질문 하나 해도 되나요?"

"뭐지?"

"지금 한 훈련을 당신도 직접 해본 적 있나요?"

"당연하지. 나도 평범한 인간이라고. 힘들 때면 나를 탓하거나 부정적인 감정에 빠져 허우적거리기도 해. 그때 얼음을 쥐고 이 훈련을 하지. 한 번만 해도 복잡하다고 생각한 문제들에 대한 사고와 감각을 분리할 수 있어. 게다가 해결의 실마리도 보이지."

"그렇군요. 얼음만 손에 넣으면 어디에서든 할 수 있겠네요. 저도 혼자서 해볼게요. 마음 한구석이 답답했었는데, 사고와 감각을 분리했더니 마음이 한결 편해졌어요. 나의 모난 부분, 둥근 부분을 모두 받아들이는 게 이런 느낌이구나 싶고요. 아주 조금 감을 잡은 기분이에요."

"너는 남의 시선을 과하게 신경 쓰고, 실패를 두려워하는 편이잖아. 이처럼 자신의 안 좋은 부분과 실패한 경험 또한 온전히 받아들이도록 해봐. 그러면 더 이상 세상에 두려울 게 없어. 모든 사람은 완벽하지 않고, 누구나 실패할 수 있어. 당연한 거야. 오히려 실패를 도전의 증거로 봐봐."

"사람은 누구나 완벽하지 않고, 실패하는 것이 당연하다. 실패는 도전하고 있다는 증거다……. 맞는 말이네요. 도전하는 한 실패는 항상 따라다닐 테니까요. 실패를 피할 유일한 방법은 도전하지 않는 것뿐이죠."

"그렇지. 사람은 누구나 결점이 있지만, 그만큼 또는 그 이상 좋은 부분이 있으면 되는 거야. 꼭 기억해! 항상 새롭게 시작할 힘을 키워야 해. 뭐, 나는 너무 돌변해서 혼날 때도 있지만, 인생은 그 정도로 뻔뻔해야 좋을지도 몰라."

"네, 저도 당신처럼 뻔뻔하게 돌변하는 근성을 갖고 싶네요. 앞으로도 많이 가르쳐주세요."

사람은 누구나 자기 삶의 영웅이다

D는 웬일로 환하게 웃었다.

"너와 처음 만났을 때, 💡Work 11 자신을 탓하지 않기 위한 마인드셋 이야기(254쪽)를 했을 거야."

"아! 기억나요. 첫 번째, 실패에서 배운다. 두 번째, 나와 남을 비교하지 않는다. 세 번째, 정답은 하나가 아니다."

"오, 기억하는구나. 제법 우등생으로 성장했네. 사실 '자신을 탓하지 않기 위한 마인드셋'은 총 12가지인데 그때는 맛보기로 3가지만 알려줬어. 이제 너도 제법 성장했으니 나머지 마인드셋도 알려줄게. 지금 말하는 것들도 확실히 익혀서 자신을 탓하는 습관은 버리도록 해.

그럼, 전에 말한 내용에 이어서 네 번째부터 알려줄게. 네 번째, 남에게 휩쓸리지 않고, 자신의 의지로 결정하고 선택하라. 가령, 사람들이 내 의견을 지지해주지 않더라도 내 믿음은 흔들리지 않아야 해. 그렇지 않으면 남에게 조종당하니까."

"알겠습니다!"

"다섯 번째, 나를 비판하는 사람을 배움의 대상으로 삼아라. 모든 비판에는 배울 점이 있어. 정신력만 키우면 어떤 비판에도 무너지지 않을 거야.

여섯 번째, 약점도 나의 특징이라고 생각하라. 흔히 약점을 고쳐야 할 것, 감춰야 할 것으로 생각하지만, 환경이 변하면 장점이 될 수도 있어. 그러니 자신감을 가져!

일곱 번째, 자신의 과거를 하나의 모험 이야기라고 생각하라. 가령, 너의 과거를 영웅의 모험 이야기라고 생각해봐. 그럼 결말은 반드시 해피엔딩일 테니까. 영웅은 역경에 처해도 헤쳐 나가고, 실패를 겪어도 그 속에서 성장하잖아. 네가 겪은 과거의 힘든 순간들을 영웅의 모험 이야기라고 생각하면 결말은 해피엔딩일 수밖에 없어. 기억해. 사람은 누구나 자기 삶의 영웅이야."

D는 늘 그렇듯 빠른 속도로 힘차게 말했다.

"여덟 번째, 자신의 재능을 얕보지 말 것. 어떤 일이든 100번 시도해보기 전까지 자기 능력을 과소평가하지 마. 만약 한 분야에서 100번 시도해도 성과가 나지 않으면 다른 분야를 시도하면 돼. 너의 재능을 꽃피울 곳을 아직 발견하지 못한 것뿐이야.

아홉 번째, 너의 고민은 과거에 누군가의 고민이었어. 같은 문제를 고민하며, 괴로워하고, 극복한 사람이 주변에 반드시 있지.

그러니 고민하느라 힘들 땐 주변을 둘러봐. 넌 혼자가 아니야.

　열 번째, 자신감은 내가 결정하는 것이지, 누군가와 비교해서 채울 수 있는 것이 아니다. 심지어 수치로 측정할 수도 없어. IQ와도 무관하고. IQ가 높다고 반드시 성공하지 않는다는 사실은 너도 잘 알지?

　열한 번째, 분노는 창의적으로 발산하고, 슬픔은 독창적으로 풀어낼 것. 분노와 슬픔을 상상력을 동원해서 극복해봐. 그 감정들을 유용하게 활용하는 거야.

　열두 번째, 네 성공을 진심으로 기뻐해주는 사람들과 함께할 것. 이상이야."

　"감사합니다. 모두 써서 집에 붙여 놓을게요. 아, 화장실이 좋겠네요. 매일 아침마다 읽고 출근해야겠어요."

　나는 의욕적인 눈빛으로 D를 쳐다보았다.

　"자기를 받아들인다는 건 아무것도 더하지 않고, 빼지도 않고 '지금 그대로가 좋아!'라고 스스로 인정하는 일이야. 누가 어떻게 평가하든 상관없어. 지금 그대로의 나도 괜찮다고 생각해. 왜냐하면 나를 가장 엄격하게 평가하는 사람은 그 누구도 아닌 나 자신일 테니까.

　진부하게 들리겠지만 인생은 한 번뿐이야. 한 번밖에 없는 너의 인생을 평생 함께할 존재는 너 자신뿐이지. 그런데 있는 그대로의 자신을 인정해주지 않으면 너무 힘들지 않을까?"

　D는 여기까지 단숨에 말하더니, 이번엔 조금 천천히 말을 이

었다.

"짧은 기간 동안 너에게 굉장한 변화가 생겼어. 대단한 일을 몇 가지나 달성했지. 앞으로도 지금처럼 네가 생각한 대로 계속 나아가면 돼. 나는 언제나 네 편이야.

그리고 기억해. 실패는 살아 있다는 증거야. 살면서 계속 도전 하는 한, 실패도 계속할 거야. 다만, 실패할 때마다 '난 어차피 뭘 해도 안 돼'라며 주저앉을 건지, 도전을 두려워하지 않는 영웅이 될 건지는 너에게 달렸어.

무엇보다 앞으로 의지력이 약하다는 말도, 용기가 나지 않는 다는 말도 절대 하지 마. 결국 다 변명일 뿐이니까. 일단 시작해. 그래야 인생이 바뀌어."

나는 일어나 주머니 속에 스마트폰과 지갑이 있는지 확인했 다. 그리고 바지에 묻은 흙과 나뭇잎을 손으로 툭툭 털었다.

"그럼, 저 이만 가볼게요!"

나는 D에게 손을 흔들고 공원 출구를 향해 걸었다.

기분이 굉장히 상쾌했다. 쓸모없는 나, 한심한 나, 위축된 나, 그리고 이제 조금 자신감을 얻기 시작한 나. 여러 모습의 내가 나 란히 서서 지금의 나를 지켜보는 듯한 기분이 들었다.

'이것도 모두 다 나야. 그리고 평생 함께하는 거야.'

한참을 걷다가 뒤를 돌아보니 D의 모습은 보이지 않았다.

거짓말을 판별하기 위한 7가지 Tip

애리조나대학에서 대기업 CEO들의 결산 보고 발표와 실제 실적을 비교해 거짓말이 어느 정도 섞여 있는지 분석했습니다. 연구 결과에 따르면, 거짓말을 판별할 수 있는 포인트는 다음 7가지입니다.

1. 설득 행동이 늘어난다.

'상대를 설득해야 한다', '믿게 만들어야 한다'라는 생각 때문에 평소보다 길게 말하고, 더 자세하게 설명하려고 합니다.

2. 거짓말을 다 하고 나서 안심한다.

거짓말하는 사람은 모든 이야기를 하고 나면 안심합니다. 자신이 해야 할 일은 끝났다고 생각해 자신이 한 거짓말을 잊어버립니다.

3. 도입부가 길다.

거짓말할 때 '사실은', '놀랄지도 모르지만' 등 도입부가 길어집니다.

4. 긍정적인 표현을 많이 쓴다.

거짓말할 때 '굉장히 즐거웠다', '매우 재미있었다' 등 긍정적인 표현을 많이 씁니다.

5. 모호한 표현이 늘어난다.

거짓말할 때 '~일지도 모른다', '~라고 생각한다' 등의 모호한 표현이 늘어납니다. 이는 책임을 회피하고자 하는 마음 때문입니다.

6. 일인칭 표현이 줄어든다.

거짓말하는 사람은 '나는', '내가'라는 일인칭 표현을 안 쓰고, 소설처럼 전지적 관찰자 시점으로 묘사합니다.

7. 한 발짝 떨어진 곳에서 지켜보듯이 말한다.

거짓말하는 사람은 숨기고 싶은 대상을 '그 녀석', '그 사람', '그 회사'라는 식으로 본인과 상관없다는 듯 말합니다.

4가지 욕망을 자극하는 셀프 코칭 활동

하버드 비즈니스 스쿨에서 어떤 욕망이 일할 때 동기부여를 주는지 조사한 결과, 다음 4가지 욕망으로 추릴 수 있었습니다. 다 읽고 나서 나의 욕망을 써보고 그것을 충족시킬 방법을 생각해봅시다.

1. 획득에 대한 욕망

사회적 지위 등 형태가 없는 것도 포함해서 희소가치가 높은 것, 가치가 있는 일 등을 얻고자 하는 욕망을 말합니다.

> 당신의 획득에 대한 욕망은 무엇인가요? 어떻게 하면 채워질까요?

2. 유대감에 대한 욕망

유대감은 개인이나 집단과 연결된 느낌으로, 함께하고 싶은 사람들과 이어지고자 하는 욕망을 말합니다.

> 당신의 유대감에 대한 욕망은 무엇인가요? 어떻게 하면 채워질까요?

3. 이해에 대한 욕망

호기심을 채우고, 답을 찾아내고, 무언가를 시도했을 때의 결과를 알고 싶은 욕망을 말합니다.

> 당신의 이해에 대한 욕망은 무엇인가요? 어떻게 하면 채워질까요?

4. 방어에 대한 욕망

외부의 위협으로부터 자신을 지키고, 정의를 실현하고, 자신의 삶과 소중한 사람들을 지키고 싶다는 욕망을 말합니다. 이때 방어의 대상은 자기 자신뿐만 아니라 동료, 가족, 재산 등도 포함됩니다.

> 당신의 방어에 대한 욕망은 무엇인가요? 어떻게 하면 채워질까요?

목표를 달성하게 도와주는 GOOD 모델 활동

제프리 E. 하웰바흐 박사가 긍정심리학의 지식과 식견을 근거로 제창한 'GOOD 모델'을 응용한 활동입니다. 실제로 이 모델을 적용하면 20~60% 정도 동기를 높일 수 있는 연구 결과가 나왔습니다. 다음 질문에 답하며 차근차근 나아가면 누구나 목표를 달성할 수 있습니다.

G(Goal, 결승점)

이뤄야 할 가장 중요한 목표를 정의합니다.

① 당신이 집중하고 싶은 목표는 무엇입니까?

② 그 목표를 달성하면 어떤 결과를 얻을 수 있습니까?

③ 왜 이 목표가 중요합니까?

④ 이 목표는 당신의 가치관, 비전과 일치합니까?

⑤ 원하는 결과를 얻으면 어떤 기분일 것 같습니까?

⑥ 더 나은 삶을 위해서 어떤 변화를 원합니까?

O(Option, 선택지)

목표를 달성하기 위해 쓸 만한 선택지를 찾습니다. 목표를 달성하는 데 필요한 지식, 무기, 도구를 손에 넣기 위한 과정입니다.

① 목표를 달성하기 위한 구체적인 방법은 무엇입니까?

② 과거에 비슷한 일을 달성한 적이 있습니까?

③ 같은 목표를 가진 다른 사람들은 어떤 노력을 한다고 생각합니까?

④ 목표 달성을 위해 무엇을 할 수 있습니까? 그중 지금 당장 시작할 수 있는 행동은 무엇입니까?

⑤ 만약 그 행동을 하지 않는다면 어떤 문제가 생깁니까?

O(Obstacle, 장애물)

진행에 방해될 만한 요소들을 미리 파악하고 대책을 생각합니다.

① 목표를 달성하는 데 방해될 만한 요소는 무엇입니까?

② 외적인 과제가 방해할 가능성이 있습니까?

③ 내적인 과제가 방해할 가능성이 있습니까?

④ 문제가 생겼을 때, 누구에게 도움을 받을 수 있습니까?

D(Do, 실행)

목표를 달성하기 위해서 무엇을 하면 좋은지, 언제까지 하면 좋은지를 분명하게 정해 실현 가능성을 최대한 높입니다.

① 목표 달성을 위해서 어떤 전략을 채택할 것입니까?

② 구체적으로 언제, 어떤 일을 할 예정입니까?

③ 진척 상황을 어떻게 파악할 수 있습니까?

④ 더 빨리할 수 있는 행동은 무엇입니까? 또 그것을 언제 실행할 수 있습니까?

⑤ 그 행동을 하는 데 어느 정도 시간이 걸립니까? 그리고 언제 달성할 수 있습니까?

자기 자비를 한 번에 높이는 얼음 훈련

안 좋은 일이 생겼을 때, 사고와 감각에는 서로 다른 일이 일어납니다. 얼음 훈련은 그것을 파악해서 사고와 감각을 각각 위로해주는 훈련입니다.

얼음이 차가워서 3분을 버티기 힘들면 얼음을 놓아도 괜찮습니다. 단, 이때 얼음을 쥐었던 손바닥을 보면서 훈련을 해주세요.

1. 얼음을 쥔다.

2. 사고에 집중한다.

3. 몸의 감각에 집중한다.

4. 사고와 감각을 분리한다.

5. 3분이 지나면 얼음을 내려놓는다.

6. 사고와 감각 각각에 위로의 말을 건넨다.

7. 이것을 응용해서 지금 느끼는 부정적 감정에 위로의 말을 건넨다.

자신을 탓하지 않기 위한 궁극의 마인드셋 활동

무슨 일이 생겨도 자신을 탓하지 않도록 만드는 마인드셋 활동입니다.
다음 항목들을 눈에 띄는 곳에 써두고 항상 기억하세요.

1. 실패에서 배운다.

2. 다른 사람과 비교하지 않는다.

3. 정답은 하나가 아니다.

4. 타인에게 휩쓸리지 않고 자신의 의지로 결정하고 선택한다.

5. 나를 비판하는 상대를 배움의 대상으로 삼는다.

6. 약점도 나의 특징이라고 생각한다.

7. 나의 과거를 하나의 모험 이야기로 생각한다.

8. 나의 재능을 얕보지 않는다.

9. 현재 나의 고민은 과거에 누군가의 고민이었다.

10. 자신감은 내가 정하는 것이다.

11. 분노는 창의적으로 발산하고, 슬픔은 독창적으로 풀어내라.

12. 나의 성공을 진심으로 기뻐해주는 사람과 함께하라.

끝내는 말을 대신하며

"말을 물가에 데려갈 순 있어도 말에게 억지로 물을 먹일 수는 없다."

영국의 유명한 속담입니다. 즉, 말이 물을 먹는 것은 말의 의지에 달렸다는 뜻이지요.

'물가까지 데려가도 물을 마시지 않는 사람들을 어떻게 하면 스스로 물을 마시게 할 수 있을까? 대체 어떻게 해야 사람들이 움직일까?'

그런 고민에 빠져 허우적거리다가 생각해낸 답이 바로《당신 인생에 용기 따윈 필요 없다》입니다.

저는 책뿐만 아니라 유튜브 등에서 삶을 바꿀 유익하고 실용적인 방법들을 꾸준히 소개하고 있습니다. 물론 과학적인 증거를 토대로 한 내용들이지요.

그런데 항상 마음 한편에 아쉬움이 있었습니다. '삶을 바꾸고 싶지만, 용기가 나지 않는다', '책을 읽었지만 도대체 뭐부터 해야 할지 모르겠다'라는 이야기를 자주 들었기 때문입니다. 그런 사람들을 만날 때면 '내가 지식을 쉽게 전달하지 못하나?'라는 고민에 빠지곤 했습니다.

사실 삶을 바꾸고 싶지만 바꾸지 못한 사람들의 고민을 해결할 쉽고도 강력한 비밀이 있습니다.

가령, 호감을 주는 사람이 되고 싶다고 해볼까요? 이때 크게 세 가지 길이 있습니다. 첫 번째, 호감을 줄 방법을 알아보는 것입니다. 두 번째, 비호감이 되는 요소를 파악하는 것입니다. 세 번째, '왜 호감을 주고 싶지? 굳이 안 그래도 괜찮지 않나?'라며 시각을 바꾸는 것입니다.

단, 어떤 길도 실제로 가보지 않는 한, 결과를 알 수 없습니다. 그래서 저는 길을 찾는 데 그치지 말고 반드시 가봐야 한다고 늘 말합니다.

아무리 훌륭한 이론을 많이 접해도 그 방법이 나에게 맞는지 직접 해보지 않으면 모르는 법입니다. 용기가 생길 때까지 기다리면 시간만 흘러갈 뿐이지요. 삶을 바꾸기 위해 필요한 것은 용기가 아니라 실행입니다.

이 비밀을 사람들에게 전하기 위해, 저는 스토리텔링의 힘을 빌렸습니다. 스토리텔링이란 전하고자 하는 바를 이야기 형식을 이용해서 쉽게 전달하는 방식을 말합니다. 사람의 사고와 행동을 바꾸는 데 가장 효과적인 방법으로 알려져 있지요. 기독교의 가르침을 풀어낸 성서, 여러 교훈을 담은 동화가 대표적입니다.

저는 스즈키 쇼타라는 지극히 평범한 청년을 통해서 삶을 바꿀 중요한 비밀을 전하고 싶었습니다. 그래서 제 유튜브나 SNS

에 달린 댓글과 설문 조사에서 늘 상위권이었던 고민들을 쇼타가 직접 겪고 극복해나가는 이야기를 만들었습니다. 아마 책을 읽는 동안 '나도 이런 고민했었는데!'라며 공감한 순간들이 있었을 것입니다. 이 책에서 쇼타의 삶을 바꾼 방법들은 모두 제가 직접 자료를 찾아 공부하고 시도해본 것들입니다.

부디 여러분도 쇼타처럼 일단 해보고, 그 결과 새롭게 어떤 일에 직면했고 어떻게 대처했는지 등, 당신의 이야기를 들려주세요. 어쩌면 다음에는 당신을 주인공으로 한 새로운 이야기가 탄생할지도 모르니까요.

이야기가 세상에 소개되기까지 7년이란 시간이 걸렸습니다. 그 긴 시간 동안 몇 번이나 가라앉을 뻔했던 배를 끝까지 물 위로 끌어올려준 SB 크리에이티브의 스즈키 카노코 씨, 그리고 구성에 아주 많은 도움을 준 우도 아쓰코 씨에게 진심으로 감사 인사를 전합니다. 두 분의 도움이 없었더라면 이 책은 빛을 보지 못했을 것입니다.

또 방심하면 자꾸 자유로워지려고 하는 저를 언제나 잡아주고, 거래처와의 협상 역할뿐 아니라 일 진행의 윤활유 역할까지 도맡는 매니저이자, 사업 동반자이자, 소중한 친구이기도 한 쓰시마 야마토 씨. 지금까지 글로 감사 인사를 전한 적은 없지만, 언제나 멋진 공간과 기회를 제공해준 데 감사한 마음입니다.

마지막으로, 그 누구보다 제가 가장 감사 인사를 전하고 싶은 사람은 이 책을 끝까지 읽은 바로 당신입니다. 당신이 읽지 않았다면 간절히 전하고 싶은 이야기를 꺼낼 수 없었을 것입니다. 애정 어린 마음으로 끝까지 읽어주셔서 감사합니다.

어쩌면 앞이 보이지 않는 힘든 시기가 당분간 계속될지도 모릅니다. 이 어둠을 끝낼 방법은 없다며 좌절할 수도 있지요. 그럴 땐 주위를 둘러보세요. D와 비슷한 누군가가 당신에게 도움의 손길을 내밀지도 모르니까요.

그리고 꼭 기억하세요. 삶을 바꾸는 데 용기는 필요하지 않습니다. 일단 한 걸음 내디디면 인생은 반드시 바뀝니다.

끝내는 말을 대신하며

멘토 D의 가르침 요약본

1단계. 평범한 일상에서 한 발 벗어나기

행동 선택

1. 해야 할 행동

이루고 싶지만, 좀처럼 동기부여가 되지 않는 일을 정한다.

쇼타의 예: 이직 준비 → 월급이 인상될 만한 행동

2. 하지 않아야 할 행동

해야 할 행동을 방해하는 행동을 찾는다.

쇼타의 예: 이직 준비

행동 분석

앞에서 찾은 방해 행동(행동 선택 2)의 단기적/장기적 장단점을 분명히 한다.

되돌아보기

행동 선택과 행동 분석을 통해 알게 된 내용을 정리한다. 가령, 마음에 남는 일, 자신에 대해 새롭게 알게 된 점, 앞으로 실천할 행동과 그방향을 정리한다.

불안, 걱정의 원인을 알기

1. 다른 사람과 자신을 비교하며 우울해하는 이유는 미래에 대한 불안과 걱정 때문이다.

2. 걱정하는 일 중 해결할 수 없는 수준으로 일어나는 일은 거의 없다.

3. 왜 불안해하고, 걱정하는지 '걱정이 폭주하는 5가지 이유'를 확인해본다.

자기 자비 능력 높이기

1. 자기 자비(있는 그대로의 자신을 인정하는 것) 능력이 높은 사람일수록 크게 성공할 수 있다.

2. 자기 자비 능력을 높이는 3가지 마인드셋을 기억한다.

행동 습관: 습관화의 구조

1. 아침 루틴

습관을 들이는 데 효율적인 아침 시간을 이용해 습관을 만든다.

쇼타의 예: 아침 7시 30분에 일어나 곧바로 커튼을 연다. 그리고 팔굽혀펴기를 한 뒤에 샤워한다.

2. 작은 단계

아주 작은 습관을 매일 하나씩 성공해서 단계를 올리면 좋은 결과를 얻을 수 있다.

3. 큰 지점

어떤 행동을 습관으로 만들고 싶은 근본적인 이유를 의식하면 동기 부여가 된다.

쇼타의 예: 이성에게 인기를 얻고 싶다, 내 몸매에 자신감을 갖고 싶다, 건강한 생활을 하고 싶다.

사고 습관: NO라고 말하지 못하는 습관을 없애기

1. 거절하지 못하는 사람들에게 공통으로 나타나는 7가지 '비기능적 사고'를 인식하고 그것에서 벗어난다.
2. NO라고 말했을 때와 YES라고 말했을 때의 장단점을 각각 써보고, 객관적으로 판단한다.
3. 4가지 단계를 거쳐 NO라고 말한다.

쇼타의 예: NO라고 말하지 못하게 만드는 비기능적 사고를 써보고, 그 사고를 바꾸는 일을 일주일 동안 해본다.

시간 감각 습관: 시간에 대한 인지 왜곡을 바로잡기

1. 시간 기근

'시간이 없다'라는 생각이 생산성을 떨어뜨린다.

2. 목표에 대한 갈등이 '시간 기근'을 낳는다.

예: 다이어트하고 싶지만 케이크를 먹고 싶다, 자격증 공부를 하고 싶지만 주말에는 가족과 시간을 보내고 싶다.

3. 콘플릭트의 대책으로 '리프레이밍'을 도입한다.

D의 예: 일, 저축, 가족과의 시간, 다이어트 등을 각각 목적으로 하는 게 아니라 인생의 큰 목적을 위한 요소라고 생각한다.

4. 멀티태스킹 등에 의한 '시간 오염'이 없는지 확인한다.

5. 11초 호흡법을 하며 '시간 기근'의 감각을 완화한다.

이프덴 플래닝

'A의 상황이 되면 B를 한다'라고 정해 습관을 들인다.

4단계. 좋은 인간관계 만들기

신뢰할 수 있는 사람이란

1. 사람의 성실성은 보상에 따라 바뀐다.
2. 사회적으로 성공한 사람이 곁에 두는 '6가지 유형의 인재'를 살펴본다.
3. 출세와 멀어지는 '6가지 실패 유형'에 유의한다.

인기를 얻고 싶다면

1. 인기 없는 사람의 특징 5가지를 파악한다.

2. 연애에 영향을 미치는 조건 5가지를 파악한다.

돈을 모으는 사람과 모으지 못하는 사람의 차이

1. 저축을 어려워하는 사람은 소비에 관한 정보를 제대로 관리하지
   못하는 경향이 있다.

2. 꾸준히 저축하는 사람은 눈앞의 기쁨을 다른 곳에서 찾으면서 전
   진한다.

3. '노스탤지어 전략'으로 저축 습관을 개선한다.

4. 매일 감사 일기를 적으면 자제력을 기를 수 있다.

5. 순환형 사고(매일 같은 일상이 반복된다는 생각)를 갖기만 해도 저축
   액이 늘어난다.

5단계. 새로운 나로 다시 태어나기

사람을 판별하고 미련 끊기

1. 거짓말하는 사람들에게 나타나는 7가지 특징을 파악한다.

2. 사람은 잃을 것 같은 대상에 가치를 느낀다는 사실을 기억한다.

셀프 코칭

1. 4가지 욕망 요소를 찾아내고 그것을 충족시킨다.

2. 'GOOD 모델'을 활용해 목표 달성을 위한 동기부여를 유지한다.

자신감을 가지고 앞으로 나아가기

1. 만남을 오래 지속하지 못하는 유형의 2가지 특징을 파악한다.

2. 부정적인 감정을 인정한다.

3. '얼음 훈련'을 통해 사고와 감각을 분리하고 각각에 위로의 말을 건넨다.

4. 자신을 탓하지 않고, 자기 인생의 영웅이 되기 위한 12가지 마인드셋을 가슴에 새긴다.

멘토 D의 핵심 전략 모음집

건강

- 맨발로 걸으면 저절로 자세가 좋아진다. → p16
- 1시간 이상 앉아 있으면 혈액순환에 좋지 않다. → p16
- 휴식 효과를 측정했을 때 1이 최고치라면 명상이 0.4 정도, 나무가 많은 공원이나 숲은 0.7 정도로 높다. → p17
- 나른하고, 피곤할 때일수록 운동을 해야 컨디션이 좋아진다. → p85
- BMI가 4.34포인트 높아질 때마다 뇌의 인지 기능이 2.22개월 저하, 즉 노화된다. BMI가 25 이상인 남성은 표준 남성보다도 테스토스테론 수치가 40% 낮다. → p98~99
- 단백질은 3대 영양소 중에서도 가장 살이 되기 어렵다. → p100
- 칼로리의 40%를 지방질로, 20%를 단백질로, 나머지 40%를 탄수화물로 섭취하는 4:2:4의 비율이 체지방을 유지하는 균형 잡힌 식단이다. → p101

정신력

- 해야 할 일이 있는데 행동으로 옮기지 못하는 사람은 당장의 불안함이나 스트레스를 회피하기 위해 즉흥적으로 행동하며 장기적인 장점을 외면하기도 한다. → p24
- 장내 환경이 균형을 잃으면 자기 조절 능력이 떨어진다. → p37
- 자신감을 기르기 위해 또는 긍정적으로 생각하기 위해 하는 행동들은 사실 부정적인 결과만 낳는다. → p72
- 자기 자비 능력이 낮으면 지나치게 자신을 탓하는 경향이 있다. 자신을 인정할 줄 아

는 사람이 유능하다. → p73

- 8주 정도 훈련하면 잘못된 인식이 바뀐다. → p130

- 자신을 인정하지 못하는 사람들은 인간관계에서 안 좋은 일을 겪었을 때 생기는 부정적인 감정을 받아들이지 못한다. → p232

- 힘든 일을 그대로 두면 그저 마음속에 계속 머물러서 훨씬 힘들어질 뿐이다. → p233

감정 조절

- 인스턴트 음식을 많이 먹은 아이는 자기 조절 능력이 떨어져서 감정을 조절하기 어려워한다. → p37

- 걱정하는 일의 85%는 실제로 일어나지 않는다. 더욱이 '해결할 수 없는 수준'으로 일어나는 경우는 거의 없다. → p61

- 인간은 원래 부정적으로 생각하게 만들어졌다. → p61

- 지나치게 걱정하는 성격 때문에 걱정이 멋대로 폭주한다. 걱정하던 일이 실제로 일어나는 것보다, 걱정하고 있을 때가 더 괴롭다고 호소하는 사람도 있다. → p62

- 과도하게 걱정하는 사람들은 불확실한 일을 '위협' 또는 '위험'으로 해석하는 경향이 있다. → p63

집중력

- 숲속을 맨발로 걸으면 집중력이 2배 올라가고, 의지력도 강해진다. 명상 효과도 좋아진다. → p16

- 공통점을 잘 찾는 사람일수록 똑똑하다. → p19

- 한 번 밤을 새우면 그 뒤로 3일 정도는 판단 능력이 떨어진다. → p25

- 낮에 소화하기 어렵거나 혈당을 급격하게 높이는 음식을 먹으면 오후에 반드시 졸리다. → p38

- 단 20분만 운동해도 인지 능력, 주의력이 올라가고 집중력도 높아진다. 게다가 기분도 좋아지고 우울한 감정이 줄어든다. 가령 한 번뿐이라도(주기적으로 하지 않았더라도) 20분 운동은 효과적이다. → p40
- 테스토스테론 수치가 낮아지면, 의욕이 사라지고 지구력도 떨어진다. 자주 졸리고, 수면의 질도 떨어져서 일상생활의 만족도가 낮아진다. → p99

동기부여

- 비기능적 행동의 장단점을 파악하면 목표 행동에 적절한 동기부여를 유지할 수 있다. → p25
- 실적이 안 좋은 기업일수록 큰 목표를 세우는 경우가 많다. 그러나 목표를 크게 세울수록 실패하기 쉽다. 눈앞의 이익을 우선하다 보면 손해를 보고, 동기부여가 어려우며 부정 및 눈속임을 하게 된다. → p83
- 어떤 목표든 잘 달성하는 사람은 단순히 참을성이 강한 사람이 아니다. 눈앞의 기쁨을 다른 곳에서 찾으면서 나아가는 사람이다. → p188
- 획득, 유대감, 이해, 방어에 대한 욕망을 찾아내고, 4가지 욕망을 모두 충족시킨다면 괜찮은 실적을 기대할 수 있다. → p218

연애

- 안색이 창백하거나 입술에 붉은 기가 없으면 아무리 건강해도 어딘가 아픈 사람처럼 보인다. 또한 너무 하얀 피부는 면역력이 약하다는 오해를 사기 쉬워 매력적으로 보이지 않는다. → p56
- 근육이 너무 없어도 너무 많아도 매력이 떨어진다. → p98
- 마음에 둔 이성에게 호감을 얻지 못하는 사람은 동성한테도 호감을 얻지 못한다. → p175
- 아무리 친절하고 착해도 인기가 없을 수 있다. 착한 사람은 공감 능력이 지나치게 높

은 경우가 많다. 공감 능력이 너무 높으면 상대의 기분이나 사정을 생각하느라 고백
도 못 하기 쉽다. → p181~182

- 98%의 사람이 자신의 이상형을 쉽게 바꿨다. 기준을 바꾸지 않고 마지막까지 관철
한 사람은 고작 2%뿐이었다. → p184

- 만남을 오래 지속하지 못하는 2가지 유형은 자존감이 낮은 사람, 자존심이 너무 센
사람이다. → p230

습관화

- 일상의 30~50%가 습관으로 이루어져 있다. 자신도 의식하지 못하는 습관은 놀랄
만큼 많다. → p86~87

- 아침에 일어나자마자 행동해야 습관 들이기가 편하다. → p105

- 매일 아주 조금씩 습관을 들이고 하나씩 성공하면서 단계를 올려라. 단계는 세세할
수록 좋다. 조금이라도 앞으로 나아간다는 느낌이 들면 원동력을 얻을 수 있다. →
p107~109

- 습관을 들이기 위한 동기부여 요소로는 돈(경제 목적), 사회적 유대감(인간관계), 건강
을 들 수 있다. → p111

- 아침에 일어나서 바로 무언가를 해내면 하루를 효율적으로 보낼 수 있다. → p157

- 이미 자리를 잡은 루틴에 다른 행동을 더하면 높은 확률로 습관이 된다. → p157

의지력

- 인간의 뇌가 가장 지치는 순간은 의사 결정을 할 때다. 의사 결정을 하면 할수록 뇌는
지친다. 아침에 일어났을 때는 뇌가 지치지 않은 상태여서 가장 집중력이 좋고, 자신
을 잘 통제할 수 있다. → p87

- 작은 습관을 많이 들이면 의지력이 강해진다. → p89

- 매일 감사 일기를 쓰기만 해도 자제력을 기를 수 있다. → p191

스트레스 해소

- 테스토스테론의 수치는 수면 시간의 영향을 크게 받는다. 하루 수면 시간이 4시간과 8시간일 경우를 비교하니, 4시간 잤을 때 테스토스테론의 수치가 반으로 줄어들었다. 수면 시간이 1시간 늘어날 때마다 테스토스테론이 15% 상승한다. → p102
- 책을 읽지 않는 사람이 하루에 30분만 느긋하게 독서해도 스트레스가 68%나 감소한다. → p146

시간 관리 기술

- 일하는 시간을 줄이면 성과를 낼 수 없다고 생각하는 사람이 많지만, 실제로는 아무런 영향이 없다. → p134
- '시간 기근'이 생산성을 현저히 감소시킨다. → p137
- 시간이 부족하다고 느껴질 때 다른 사람에게 친절하게 대하면 여유로운 기분이 느껴지고, 시간을 효율적으로 사용할 수 있다. → p143
- 멀티태스킹이 시간 기근의 감각을 더 강하게 만든다. → p145
- 호흡에 집중하면서 천천히 심호흡하면 시간 기근을 줄이는 효과가 있다. → p147

통찰력

- 인간의 성실성은 그 사람의 유전자로 어느 정도 파악할 수 있다. → p163
- 아무에게도 들키지 않는다는 확신이 있으면 무려 90%의 사람들이 부정한 행동을 한다. → p165
- 인간의 성실성은 보상에 따라 변한다. → p165
- 인간은 지위가 높아질수록 정직하지 않은 행동을 하고 신뢰성도 낮아진다. → p168
- 자신의 이익과 관련된 일을 할 때일수록 자신감 있는 사람의 말을 믿는다. → p169
- 몸을 피하거나 팔짱을 끼거나, 손을 계속 만지는 등의 동작을 자주 하는 사람은 조심

하는 게 좋다. → p171

- 거짓말하는 사람은 상대를 설득해 자신을 믿게 해야 한다는 심리 때문에 평소보다 말이 길어지고 자세하게 설명하려고 한다. → p204

- 얼굴을 자꾸 만지고 시선을 피하고 안절부절못하는 등의 행동은 실제로 거짓말을 판별하는 데 거의 도움이 되지 않았다. → p205

- 보통 사람들은 동전을 던져 앞뒷면을 맞추는 정도의 확률로밖에 거짓말을 판별할 수 없다. → p212

돈

- 저축을 못 하는 사람은 소비에 관한 정보 관리를 못 하는 것이다. → p186

- 사람은 '지난주에 돈을 얼마나 썼어요?'라는 질문을 받고 난 다음에 '그러면 이번 주에는 얼마나 쓸 계획이에요?'라는 질문을 받으면 놀라울 정도로 낮은 금액을 말하는 경향이 있다. → p188

- 자신의 과거를 떠올릴 만한 물건을 접하고 감상에 젖으면 저축할 수 있다. → p189

- 매일 같은 일상이 반복된다는 점을 의식하면서 생활한 그룹은 구체적인 저축 방법을 전혀 듣지 못했는데도 저축액이 82%나 늘었다. → p193

용어 설명

1. 보행 명상
걸으면서 하는 명상으로, 걷는 것과 발바닥에 의식을 집중시키는 명상 방법이다. 앉아서 하는 명상과 달리 다리가 저리지 않아서 비교적 편하게 할 수 있다.

2. RAT(Remote Associates Test, 원격 연상 단어 검사)
전혀 관련 없어 보이는 것들 사이에서 공통점을 찾는 테스트를 말한다. 통찰력을 측정하는 데 활용된다.

3. 똑똑한 사람들이 갖춘 세 가지 힘
1962년, 미시간대학의 연구자가 '똑똑한 사람들이 갖춘 세 가지 힘'을 정의했다. 첫 번째 힘은 서로 다른 것들 사이에서 유사성을 찾아내는 능력이다. 두 번째 힘인 '일반 상식에 대한 고찰'은 관례라며 그저 받아들지 않고 의문을 가지는 능력을 말한다. 세 번째 힘인 '세렌디피티'는 수많은 정보 속에서 다른 의미와 가치를 찾아내는 능력, 이른바 영감을 얻는 힘을 말한다.

4. 비기능적 행동
의미가 없는 행동, 모순된 행동, 지금 하지 않아도 되는 행동, 즉 자신에게 도움이 되지 않는 행동을 말한다.

5. 동기부여 개선 도구
네덜란드의 마스트리흐트대학에서 개발한 도구이다. 비기능적 행동의 장단점을 파악해서 목표 행동에 적절한 동기부여를 유지할 수 있도록 돕는다.

6. BDNF(뇌유래 신경영양인자)
신경세포의 생존, 성장과 시냅스의 기능 조절 등 신경계의 발달과 유지에 중요한 역할을 하는 단백질의 일종이다.

7. 인지 능력
흔히 지능 검사로 측정할 수 있는 능력을 말한다. 반면에 비인지 능력은 주로 의욕, 자신감, 인내심, 자립심, 자제력, 협동심, 공감 등 마음에 관한 능력을 말한다.

8. 도파민
중추신경계에 존재하는 신경전달물질로 운동 및 호르몬 조절, 쾌락에 관한 신호 전달, 의욕, 학습 등과 관련된다.

9. 노르아드레날린
스트레스를 받을 때 분비되는 호르몬으로, 동기부여에 영향을 주기도 하며 우울증을 겪는 사람들은 이 호르몬이 부족하다는 연구 결과도 있다.

10. 세로토닌
인간의 감정, 수면, 행동 등의 조절에 영향을 주는 신경전달물질이다. 세로토닌이 부족하면 우울증을 겪거나 불안을 느끼기도 한다.

11. 불확실성
미래에 일어날 사건에 관한 정보의 부정확성을 나타내는 말이다. 이때 위험성과 불확실성을 헷갈리는 사람이 많은데, 이 둘은 엄연히 다르다. '위험성'은 일어날 수 있는 사건을 알고, 그것이 일어날 확률도 미리 아는 상태를 말한다. 반면에 '불확실성'은 일어날 수 있는 사건을 알지만, 그것이 일어날 확률을 미리 알 수 없는 상태를 말한다.

12. 주의 편향
불안을 느끼는 사람이 위협에 관련된 자극에만 주의를 기울이게 되는 상태, 또는 그 자극을 외면하기 곤란한 상태를 말한다.

13. 크리티컬 싱킹
어떤 대상에 대해 감정이나 주관에 사로잡히지 않고, 논리적, 구조적으로 사고하는 방식을 말한다. 객관적인 시각으로 상황을 파악해 올바른 방향으로 이어가는 사고법이다.

14. 자기 자비
자신을 '있는 그대로' 인정하는 힘이라는 뜻이다. 자신의 좋은 점도, 안 좋은 점도 모두 받아들이고 앞으로 나아가기 위한 기술이다.

15. 마인드셋
경험이나 교육 등을 통해 얻은 사고방식, 가치관 또는 신념, 확신을 말한다. 스탠퍼드대학의 캐럴 드웩(Carol Dweak) 박사에 따르면 마인드셋은 고정 마인드셋과 성장 마인드셋으로 나뉜다. '고정 마인드셋'은 인간의 재능은 타고났으며 성격과 능력은 바꿀 수 없다는 관점이다. 반면에 '성장 마인드셋'은 인간이 노력하면 원하는 방향으로 인생을 이끌 수 있다는 관점이다. 이 책에서는 후자의 관점을 다뤘다.

16. 테스토스테론
대표적인 남성 호르몬으로, 근육질 체형이나 튼튼한 골격 등을 구성하는 데 중요한 성호르몬이다.

17. BMI(Body Mass Index)

체질량 지수를 가리키는 말로, [체중(kg)]÷[신장(m)×신장(m)]으로 산출해 사람의 비만도를 나타낸다.

18. 콜레키스토키닌

쓸개를 수축시켜 쓸개즙 분비를 촉진하고, 포만감을 느끼게 하는 소화호르몬으로, 식욕을 억제하는 기능이 있다.

19. TDEE(Total Daily Energy Expenditure)

1일 총소비칼로리로, 기초대사량에 하루 활동 에너지를 더한 값을 말한다.

20. 루틴

정해진 시간에 하는 일련의 행동을 말한다. 루틴을 활용하면 일이나 공부할 때 집중력을 높일 수 있어 좋은 결과를 내기 쉽다.

21. 코르티솔

부신피질에서 분비되는 호르몬 중 하나로, 사람에게 꼭 필요한 호르몬이다. 주요 기능은 체내 혈당 생성, 지방 합성 억제, 항염증 작용, 기초 대사 유지 등이다.

22. 생체리듬

생명 활동에 생기는 주기적인 변동을 말한다. 가장 간단한 예로 '아침에 해가 뜨면 일어나고, 밤이 오면 잠을 잔다'를 들 수 있다.

23. 작은 단계

목표를 단계별로 세밀하게 나누어 하나씩 이루는 방식, 즉 단기 목표를 말한다.

용어 설명

24. 큰 지점

작은 단계의 반대 개념으로, 달성하고자 하는 큰 목표를 말한다.

25. 비기능적 사고

인지의 왜곡(27번 용어 참조) 때문에 생기는 비합리적인 사고방식을 말한다.

26. 보답의 법칙

다른 사람에게 뭔가를 받으면 보답해줘야 한다는 심리 작용을 말한다.

27. 인지의 왜곡

과장되고 비합리적인 사고방식으로, 크게 10가지로 나눌 수 있다. ① 흑백 논리('0 또는 100' 사고)와 완벽주의, 흑백으로 구분하지 않으면 만족이 안 되어 비효율적일 정도로 완벽을 추구한다. ② 지나친 일반화, 사소한 부분으로 광범위한 결론을 내린다. ③ 마음의 필터, 좋은 일도 많은데 부정적인 일에만 주목한다. ④ 마이너스화 사고, 잘되면 우연이라고 생각하고, 잘되지 않으면 '그럴 줄 알았어'라고 생각한다. ⑤ 결론의 비약, 미래를 부정적으로 상상하거나, 사람의 마음을 지레짐작하고 우울해한다. ⑥ 확대 해석과 과소평가, 실수나 실패 등 안 좋은 일은 크게 생각하고, 반대로 잘한 일은 작게 생각한다. ⑦ 감정적 단정, 아무런 증거도 없이 부정적인 결론을 내린다. ⑧ 해야한다는 강박, 직면한 상황과 상관없이 '도덕적으로 해야만 한다'라고 생각한다. ⑨ 딱지 붙이기, '저 사람은 쓸모없다', '나는 부족한 사람이다'처럼 부정적인 딱지를 붙인다. ⑩ 개인화, 자기와 상관없는 일까지 자기 탓으로 돌리거나 원인을 필요 이상으로 자기와 연관 지어 자기를 비난한다.

28. 시간 기근(time famine)

시간이 부족하다는 느낌, 즉 시간에 대한 갈망을 말한다. 1999년 미시간대학의 레슬리 펄로라는 사람이 제창한 개념이다.

29. 시간 오염

멀티태스킹(32번 용어 참조)을 하는 탓에 시간의 흐름이 모두 끊겨 결과적으로 시간이 부족하다고 느끼는 현상을 말한다.

30. 콘플릭트

두 가지 이상의 상반된 생각, 요구 등이 서로 부딪치는 상태를 말한다. 가령, 다이어트를 하고 싶지만, 눈앞의 케이크도 먹고 싶은 갈등상태를 예로 들 수 있다.

31. 리프레이밍(reframing)

어떤 틀(프레임)로 파악하던 대상을 다른 틀, 즉 다른 각도로 바라보는 것을 말한다. 대표적인 예로, 컵에 물이 절반 정도 차 있을 때 '겨우 절반밖에 없네'가 아닌 '절반이나 있네'라고 생각하는 경우를 들 수 있다. 리프레이밍을 하면 무엇을 실패했을 때 역시 실패에 집중해 좌절하지 않고 '많이 배웠다'라고 생각할 수 있다. 이처럼 불만족하거나 부족하다는 마음을 만족스럽게 바꿀 수 있는 과정이다.

32. 멀티태스킹

여러 작업을 동시에 혹은 단기간에 병행하는 일을 말한다.

33. 전두전야

인간의 뇌에서 가장 발달한 부위인 동시에 가장 늦게 성숙하는 부위이다. 기억력, 행동과 감정의 억제, 계획, 추론 등의 기능을 담당한다.

34. 이프덴 플래닝

If(만약)와 Then(그러면), 즉 'A의 상황이 되면 B를 한다'처럼, 일의 전제 조건을 미리 정해서 B의 행동을 습관화하는 방법이다.

35. 해빗 체인

습관의 사슬이라는 뜻이다. 이미 몸에 밴 습관에 새로운 습관을 사슬처럼 하나씩 이어줌으로써 효율적인 습관화를 목표로 하는 기술이다.

36. 버피 테스트

근력 운동과 유산소 운동의 효과를 모두 기대할 수 있는 전신 운동이다. 미국의 생리학자 로열 H. 버피(Royal H. Burpee) 박사가 고안해 붙은 이름이다. 방법은 간단하다. 먼저 서 있다가 엎드리며 팔굽혀펴기 자세로 바닥에 가슴을 붙인다. 그다음, 양다리를 모아서 다시 일어서고 가볍게 점프해 머리 위에서 손뼉을 친다. 이 과정을 재빠르게 반복한다.

37. 형식주의

대상의 내용보다 형식을 중시하는 주의이다.

38. 확증편향

인지편향의 일종으로, 자신의 판단에 부합하는 정보만 받아들이고, 반대되는 정보는 무시하는 경향이다.

39. 고립주의

주위로부터 고립되어 독자성을 지키려는 주의이다.

40. 기회주의

확고한 원칙에 따라 행동하는 것이 아니라, 형세를 보고 유리한 쪽을 따르려는 태도를 말한다.

41. 에펠탑 효과(단순 노출 효과)

어떤 대상을 접하는 횟수가 늘어날수록 그 대상에 대한 호감도가 올라가는 현상을 말한다.

42. 공감 능력
상대방에게 공감하는 능력을 말한다. 구체적으로 말하면, 공감을 통해 상대방의 신뢰와 인정 욕구를 충족시켜 주는 능력이다.

43. 재무심리학
금융과 관련된 결정을 내릴 때 심리적인 요소가 미치는 영향을 연구하는 학문이다. 브래드 클론츠 박사가 선구자로 유명하다.

44. 노스탤지어 전략
저축을 촉진하는 전략으로, 브래드 클론츠 박사가 실험을 통해 효과를 증명했다. 먼저, 과거를 떠올릴 물건을 준비하고, 그 물건을 보고 드는 감정을 원동력으로 삼아 저축 습관을 기른다.

45. 순환형 사고
인생은 습관의 축적이라 매일 같은 일상이 반복된다. 이때 매일 하는 생각을 순환형 사고라고 한다.

46. 설득 행동
상대방이 나를 믿게끔 설득하는 행동을 말한다. 대표적으로, 평소보다 길게 말하거나, 더 자세하게 설명하려는 행동을 들 수 있다.

47. 회피 행동
두렵거나 어려운 상황을 피하려는 행동을 말한다. 예를 들어, 사람들 앞에서 창피한 일을 당할까 봐 두려운 나머지, 회의나 파티 등의 상황을 피하는 행동을 말한다.

48. 분홍 코끼리

사람은 무언가를 생각하지 말라고 하면 할수록 오히려 더 그 대상을 떠올린다. 가령, 분홍 코끼리를 생각하지 말라고 하면 분홍 코끼리를 더 많이 생각한다는 것이다. 심리학에서는 이를 '사고 억제의 역설적 효과'라고도 한다.

49. 코칭

통찰력 있는 질문을 통해 상대의 깊은 내면의 생각을 끌어내는 목표 달성 기법을 말한다. 이때 상대의 이야기에 귀를 기울이는 태도가 중요하다.

50. GOOD 모델

제프리 E. 하웰바흐 박사가 제창한 코칭 모델이다. G는 Goal(결승점), 첫 번째 O는 Option(선택지), 두 번째 O는 Obstacle(장애물), 마지막 D는 Do(실행)를 가리킨다.

옮긴이 **최지현**

한양대학교에서 일어일문학을 전공하고 한국외국어대학교 통번역대학원 한일과를 졸업한 후 MBC 편성기획부, ㈜한국닌텐도 등 기업에서 통번역사로 근무했다. 이후 출판번역에이전시 글로하나에서 일본어 번역가로 활동하며, 일서 번역과 검토에 힘쓰고 있다. 역서로 《무조건 팔리는 스토리 마케팅 기술 100》, 《무조건 팔리는 심리 마케팅 기술 100》, 《기분의 디자인》, 《꿈과 돈》, 《돈이 되는 말의 법칙》, 《스크럼》, 《오늘날의 치료 지침》 등이 있다.

당신 인생에
용기 따윈 필요 없다

1판 1쇄 인쇄 2025년 3월 26일
1판 1쇄 발행 2025년 4월 9일

지은이 멘탈리스트 다이고
발행인 김태웅
책임편집 박지혜　　　　　　　**기획편집** 이미순, 이슬기
표지 디자인 섬세한 곰　　　　　**본문 디자인** 호우인
마케팅 총괄 김철영　　　　　　**마케팅** 서재욱, 오승수
온라인 마케팅 하유진　　　　　**인터넷 관리** 김상규
제작 현대순　　　　　　　　　　**총무** 윤선미, 안서현, 지이슬
관리 김훈희, 이국희, 김승훈, 최국호

발행처 ㈜동양북스
등록 제2014-000055호
주소 서울시 마포구 동교로22길 14(04030)
구입 문의 (02)337-1737 **팩스** (02)334-6624
내용 문의 (02)337-1763 **이메일** dymg98@naver.com

ISBN 979-11-7210-914-1 03190